智库中社

国家智库报告　2017（7）
National Think Tank

法治指数与法治国情

人民法院基本解决执行难第三方评估报告（2016）

中国社会科学院　　国家法治指数研究中心　著
法学研究所法治指数创新工程项目组

THIRD-PARTY ASSESSMENT OF THE WORK OF BASICALLY
OVERCOMING DIFFICULTIES IN THE EXECUTION OF
COURT JUDGMENTS IN 2016

中国社会科学出版社

图书在版编目(CIP)数据

人民法院基本解决执行难第三方评估报告.2016／中国社会科学院国家法治指数研究中心，中国社会科学院法学研究所法治指数创新工程项目组著.—北京：中国社会科学出版社，2017.3
（国家智库报告）
ISBN 978 - 7 - 5161 - 9921 - 3

Ⅰ.①人⋯　Ⅱ.①中⋯②中⋯　Ⅲ.①法院—执行（法律）—研究报告—中国—2016　Ⅳ.①D926.2

中国版本图书馆 CIP 数据核字（2017）第 039351 号

出 版 人	赵剑英	
责任编辑	王 茵 马 明	
责任校对	石春梅	
责任印制	李寡寡	

出　　　版	中国社会科学出版社
社　　　址	北京鼓楼西大街甲 158 号
邮　　　编	100720
网　　　址	http://www.csspw.cn
发 行 部	010 - 84083685
门 市 部	010 - 84029450
经　　　销	新华书店及其他书店
印刷装订	北京君升印刷有限公司
版　　　次	2017 年 3 月第 1 版
印　　　次	2017 年 3 月第 1 次印刷
开　　　本	787 × 1092　1/16
印　　　张	8.25
插　　　页	2
字　　　数	85 千字
定　　　价	39.00 元

项目组负责人：

田　禾　中国社会科学院国家法治指数研究
　　　　中心主任，法学研究所研究员、法
　　　　治指数创新工程项目组首席研究员

吕艳滨　中国社会科学院国家法治指数研究
　　　　中心副主任，法学研究所法治国情
　　　　调查研究室主任、研究员

项目组成员：

王小梅　栗燕杰　徐　斌　刘雁鹏　胡昌明
王祎茗　田纯才　王昱翰　赵千羚　刘　迪
王　洋　孙斯琪　纪　玄

主要执笔人：

王小梅　中国社会科学院法学研究所副研究员
田　禾　中国社会科学院法学研究所研究员
吕艳滨　中国社会科学院法学研究所研究员

摘要：2016 年 3 月，最高人民法院在十二届全国人大四次会议上庄严宣布，"用两到三年时间基本解决执行难问题"。在党的领导和全社会的支持下，2016 年最高人民法院从制度和信息化两方面初步完成了基本解决执行难的顶层设计，地方法院进行了有效的执行创新探索，试点法院有序推进和不断深化执行体制改革，各项执行专项活动也取得了不错的成效。2017 年，最高人民法院应进一步加强基本解决执行难的顶层设计，激活现有制度，构建统一完备的执行标准，提升信息化建设水平和使用率，建立执行惩戒的常态机制。地方各级人民法院应认真落实执行规范体系，加强执行信息化建设，提升执行工作的强制性和规范性。但可预见的是，在经济下行的新常态下，立案登记制带来执行案件数量的激增，"案多人少"的矛盾将进一步加剧，因此，基本解决执行难仍将面临很大的挑战。

关键词：依法治国　司法改革　执行　基本解决执行难　信息化

Abstract: In March 2016, the President of the Supreme People's Court solemnly announced at the Fourth Session of Twelfth NPC that "China will basically overcome the difficulties in the execution of court judgments within two or three years". In 2016, under the leadership of the CPC and with the support of the whole society, the Supreme People's Court had basically completed the top-level design of the relevant institutions and the informatization system; local people's courts had made effective innovations and explorations in the execution of court judgments; pilot courts had been continuously deepening the reform of the execution system in an orderly way; and satisfactory results had been achieved in the implementation of various special projects. In 2017, the Supreme People's Court needs to further strengthen the top-level design, activate the existing systems, construct a unified and complete set of standard, raise the level of the construction and utilization of the informatization system, and establish a normalized punishment reward mechanism with respect to the execution of court judgments. Local people's courts at various levels should conscientiously implement the execution norm system under the leadership of Party committees at various levels, strengthen the construction of informatization system, and raise the level of coerciveness and standardization of the execution work. It can be expected that, under the "new normal" of economic downturn, the number of cases of execution brought about by the new case-filing registration system will drastically increase, further intensifying the problem of heavy caseload. Therefore, China will still be faced with big challenges in overcoming the difficulties in the execution of court judgments.

Key Words：Ruling the Country by Law, Judicial Reform, the Execution of Judgments, Basically Overcoming Difficulties in the Execution of Judgments, Informatization

目　　录

导　读

　　2016年3月，最高人民法院在十二届全国人大四次会议上庄严宣布，"用两到三年时间基本解决执行难问题"。在以习近平同志为核心的党中央坚强领导下，在全社会的大力支持下，在"用两到三年时间基本解决执行难"目标提出的当年，最高人民法院加强顶层制度设计，深入推进信息化建设，各级法院进行了有效的执行创新探索，试点地区有序推进和不断深化执行体制改革，通过各项执行专项活动初步解决了人民群众反映强烈的突出问题，基本解决执行难取得阶段性成效。

　　具体而言：一是充分发挥我国政治优势、体制优势，"党委领导、政法委协调、人大监督、政府支持、法院主办、部门配合、社会参与"的综合治理执行难工作大格局初步形成。最高人民法院出台《关于落实"用两到三年时间基本解决执行难问题"的工作纲要》，以"四个基本"作为基本解决执行难的总体目标，提出了具体标准、路线图及时间表，同时，引入第三方评估机构制定基本解决执行难评估指标体系，完成了基本解决执行难的顶层设计。

二是全力推进执行信息化建设，初步实现执行模式根本性变革。加强与相关部门沟通协调，建立覆盖全国及主要财产形式、四级法院能够广泛应用的网络执行查控系统，对在全国范围内的存款、证券、股票、车辆、船舶等14类16项财产信息均实现在线查控，对主要财产形式"一网打尽"，有效缓解了"查人找物"难题，极大地提升了执行效率；建立互联网司法拍卖平台，确立网拍优先原则，大力推行网络司法拍卖，实现传统司法拍卖模式的重大变革，大幅提高司法拍卖的成交率、溢价率，降低流拍率和拍卖成本（近四年实行网拍的法院为当事人节约拍卖佣金达80亿元人民币），斩断司法拍卖利益链条，祛除权力寻租空间；在总结近两年对失信被执行人联合信用惩戒的基础上，中央深化改革领导小组审议通过了《关于加快推进失信被执行人信用监督、警示和惩戒机制建设的意见》，进一步建立健全失信被执行人联合惩戒制度及对接机制，使失信被执行人"一处失信、处处受限"，对破解以转移、隐瞒财产等方法规避执行及抗拒执行等执行难题发挥了重大作用，有近百万名失信被执行人慑于信用惩戒主动履行了义务。

三是规范执行行为，执行监督管理模式发生重大变革。2016年，最高人民法院先后出台网络司法拍卖、财产保全、追加变更执行当事人等十余个司法解释和规范性文件，有效地填补了规则空白，努力使执行权运行的每个环节都有规可循；深化执行权与审判权分离改革，初步形成执行权运行监督机制，将执行权关进制度铁笼，着力构筑防止执行权滥用的堤坝；完成对近二十年执行案件的全盘清理及重新核录工作，开展为时一年的执行案款清理专项活动，基本解决执行案件底数不清、体外循环及执行案款积压等弊端，消化历史性问题存量，抑制新问题增量。更重要的是，建立并全面应用全国四级法院统一的网络化办案平台及关键节点流程管理平台，在此基础上建立四级法院执行指挥中心，实现对执行案件的统一指挥、统一协调、统一管理，初步克服对大量执行案件管不住、监督不到位的现象，将执行权关进数据铁笼。

四是建立无财产可供执行案件甄别、管理、恢复及救济机制。针对执行案件中40%左右的被执行人处于破产边缘或丧失履行能力这一客观情况，最高人民法院出台《关于严格规范终结本次执行程序的规定（试行）》，一方面，明确规定因无财产可供执行而纳入终结本次执行的程序标准、实质标准，建立向社会公开的终结本次执行案件库，接受当事人与社会监督，严防滥用该制度损害债权人的合法权益的行为；另一方面，要求对终结本次执行案件进行定期筛查，形成对终本案件被执行人长期限制高消费及发现财产即时恢复执行的机制，强化对这类案件的救济措施。

五是各级法院创造性地开展工作，在建立解决执行难长效机制的同时，通过开展各种专项活动，解决当前人民群众反映突出的问题。内蒙古法院的"草原风暴"行动、江西法院的"春雷行动"、江苏法院的"凌晨执行""假日执行"、北京法院的"六十天执行会战"及河南法院的"百日执行风暴"等，重拳出击惩治"老赖"，充分运用强制措施，不仅有效集中清理了一大批历史积案、难案，而且形成了震慑"老赖"的高压态势，营造了社会各界支持执行工作的良好氛围。

总体上，在 2013 年至 2015 年坚持"一性两化"执行工作思路的基础上，2016 年各级法院进一步标本兼治，以非常手段攻坚克难，产生了较为明显的执行效果，执行形象与执行作风持续好转，社会评价趋向正面。2016 年，全国法院共受理执行案件 529.2 万件，执结 507.9 万件，同比分别上升 24.2% 和 33.7%，执结标的金额约为 2.24 万亿元，比 2015 年提高 35.8%，实际到位金额突破 1 万亿元。

2016 年预定任务顺利完成，基本解决执行难取得了阶段性成果，迈出了坚实的一步，增强了社会各界对基本解决执行难工作的信心，但也暴露出执行工作中存在的短板：有关职能部门形成合力、共同综合治理执行难的常态化机制不够完善，运行不够顺畅；一些法院执行力度不够，不敢碰硬，有畏难厌战情绪，打击规避执行、抗拒执行手段措施不足，同时，对不断花样翻新的隐匿、转移财产问题缺乏足够的应对措施；网络执行查控系统对房产、地产以及金融、保险等理财产品未能实现查控；在失信被执行人联合信用惩戒方面，部门之间的制度对接不到位，落实不到位；执行指挥中心统一管理、统一指挥、统一协调的功能未能有效发挥，统一执行办案平台节点管控未能完全落地；法院消极执行、拖延执行、选择执行及乱执行现象未能彻底消除，执行作风及形象与人民群众的期待仍然存在差距。2017 年，最高人民法院应进一步加强基本解决执行难的顶层设计，激活现有的制度，构建统一完备的执行标准，提升信息化建设水平和使用率，建立执行惩戒的常态机制。地方各级人民法院应认真落实执行规范体系，加强执行信息化建设，提升执行工作的强制性和规范性。

绪　言

　　审判与执行是法院工作的两大核心内容，审判是法院通过适用法律对社会矛盾纠纷居中做出裁决的活动，执行则是法院依据权利人的申请强制义务人履行生效法律文书确定的义务的活动。审判和执行是保障和实现公民权益的重要途径，关乎社会公平正义的实现。然而，长期以来，由于制度不完善、社会诚信环境不佳以及执行行为不规范等多方面的原因，有些生效法律文书未能得到有效执行，这严重侵害了当事人的合法权益，损害了司法权威，破坏了法律的严肃性，也对全面推进依法治国提出了严峻的挑战。

　　为了切实保障公民的合法权益，维护司法权威和公信力，2016年，最高人民法院在向十二届全国人大四次会议所作的工作报告中庄严宣布，"用两到三年时间基本解决执行难问题"。为此，最高人民法院出台了《关于落实"用两到三年时间基本解决执行难问题"

的工作纲要》（以下简称《工作纲要》），对执行工作进行系统部署，明确了基本解决执行难的工作目标。围绕该工作目标，全国四级法院结合自身的角色定位改进执行工作方式、加大执行工作力度，从顶层制度设计、执行体制机制改革、执行联动机制构建到具体执行案件办理等各个方面，提升执行工作的强制性和规范性，并在全国范围内开展了各类卓有成效的专项执行行动。为了客观科学地反映法院的执行工作成效以及基本解决执行难目标的实现情况，最高人民法院在《工作纲要》中明确引入第三方评估机制，由中国社会科学院牵头，中国法学会、中华全国律师协会、中国人民大学诉讼制度与司法改革研究中心，以及人民日报社、新华社、中央电视台等13家新闻媒体作为参与单位，并邀请15位知名学者作为特聘专家对其进行评估。评估工作由中国社会科学院法学研究所承担，中国社会科学院国家法治指数研究中心具体负责。经过为期10个月的调研、论证，项目组于2017年1月向社会公布了《人民法院基本解决执行难第三方评估指标体系及说明》（以下简称《评估指标体系及说明》）。

本评估报告是对2016年"基本解决执行难"目标提出当年的人民法院执行工作进行的阶段性评估。基本解决执行难必须依靠日益完善的制度体系和信息化系统，而现阶段，只有在最高人民法院完成制度和信息化顶层设计之后，地方各级法院才能通过落实相关的制度机制有效开展执行工作，完成预设的目标。因此，本阶段性评估报告并非是严格依照 2017 年 1 月公布的《评估指标体系及说明》进行的评估，而是通过聚焦 2016 年 2 月—2017 年 2 月最高人民法院的制度建设、执行信息化建设以及部分高级人民法院的改革创新和开展专项行动的效果，并结合项目组在制定评估指标体系调研中形成的成果，综合分析现阶段仍存在的问题，来指出未来执行工作的着力点和努力方向。

一　基本解决执行难的 背景与机遇

（一）时代背景：全面推进依法治国

全面深化改革、全面推进依法治国为"基本解决执行难"提供了广阔的时代背景。党的十八大以来，中国的政治和社会发展进入新的历史阶段。党的十八大报告提出，"法治是治国理政的基本方式"，要"更加注重发挥法治在国家治理和社会管理中的重要作用"。十八届三中全会以全面深化改革为主题，并将"推进国家治理体系和治理能力现代化"作为"全面深化改革的总目标"。法律是治国之重器，依法治国是人类社会进入现代文明的重要标志，也是国家治理体系现代化的基本特征。习近平总书记多次强调，推进国家治理体系和治理能力现代化，要高度重视法治问题。十八届四中全会审议通过了《中共中央关于全面推进依法治国若干重大问题的决定》，以依法治国为主题召开中央全会，这在党的历史上系首次，彰显了党在新的历史时期对法治的重视，"依法治国"成为时代最强音。

全面深化改革、全面推进依法治国要求推动司法体制改革、实现司法公正。司法公正不仅体现为裁判结果的公正，更要求权利得以及时兑现，只有生效法律文书得到有效执行，案件当事人才能真正感受到公平正义，司法公信力才能得到有效提升。

全面推进依法治国离不开诚实信用的社会环境，十八届三中全会提出要"褒扬诚信，惩戒失信"，建设社会诚信体系。十八届四中全会提出要"加强社会诚信建设，健全公民和组织守法信用记录，完善守法诚信褒奖机制和违法失信行为惩戒机制"。由此，社会诚信体系建设在全国全面快速推进，中共中央办公厅、国务院办公厅出台《关于加快推进失信被执行人信用监督、警示和惩戒机制建设的意见》，"信用中国网"上线，国务院在发布《社会信用体系建设规划纲要（2014—2020年）》之后，又于2016年颁布《国务院关于建立完善守信联合激励和失信联合惩戒制度加快推进社会诚信建设的指导意见》，推动政务诚信、商务诚信、司法公信和社会诚信建设。

"基本解决执行难"既是实现司法公正、提升司法公信力的内在要求，也是推动社会诚信体系建设的必然选择。为增强社会主体法律意识和诚信意识，提升司法公信力，十八届四中全会明确提出"要切实解决执行难"，"依法保障胜诉当事人及时实现权益"。基本解决执行难，是全面推进依法治国和全面建成小康社会的应有之义，也是全面深化改革的重要目标任务，同时也将为"十三五"时期经济社会发展创造良好环境。2016 年是"十三五"规划的开局之年，法院的执行工作应为经济社会的发展提供更好的服务和保障。

（二）历史机遇：大数据上升为国家战略

最高人民法院之所以在 2016 年提出"基本解决执行难"的目标，既是健全和完善法治的内在要求，也与国家大数据战略所带来的历史机遇和近年来法院信息化发展所奠定的坚实基础密切相关。

《中华人民共和国国民经济和社会发展第十二个五年规划纲要》把"加快经济社会信息化"作为国家信息化战略的重要内容。党的十八大将"信息化水平大幅提升"作为全面建成小康社会的重要目标。十八届五中全会提出实施"网络强国战略、'互联网＋'行动计划和国家大数据战略"。进入信息时代，大数据、云计算、物联网和智慧城市建设正在重塑社会生产、生活的结构面貌，对司法工作已经产生并将进一步产生深刻影响。

国家大数据战略的推行带动了法院信息化的发展，2015 年，最高人民法院将法院信息化提到与司法改革同等的高度，并称其为人民法院司法工作的车之两轮、鸟之两翼。2016 年，在法院信息化 2.0 版宣告实现的基础上，最高人民法院制定了《人民法院信息化建设五年发展规划（2016—2020）》，提出建设人民法院信息化建设 3.0 版"智慧法院"的目标任务。

执行信息化是法院信息化的重要组成部分。就执行工作而言，无论是执行案件的集中管理、执行过程的公开透明、执行工作的统一指挥、执行财产的查询控制，还是与有关部门的执行联动、对失信被执行人的信用惩戒，都必须以信息化为基础。党的十八大以来，法院的执行工作信息化迈出了坚实步伐。为聚合执行力量，提升执行效率和执行强度，最高人民法院在地方试点的基础上推广执行指挥中心建设。2014 年 4 月，最高人民法院下发了《最高人民法院关于执行指挥系统建设的指导意见》。2014 年 12 月，最高人民法院建成覆盖全国四级法院的执行指挥系统，实现了全国四级法院执行网络纵向互联，并同时与有关中央国家机关、商业银行总行网络横向对接。执行指挥系统的建设与完善，有助于构建上级法院对执行工作的"统一管理、统一协调、统一指挥"的执行新体制，形成执行实施工作全国一盘棋的格局。

二　执行难的成因分析及 破解路径

基本解决执行难，除了需要破釜沉舟、背水一战的决心和勇气，更需要通过实证调查和理性分析寻求有效的解决路径。执行分为民事执行、刑事执行和行政执行。我们将基本解决执行难的评估范围限定在民事执行案件，包括民事判决、调解书的执行、支付令的执行、仲裁裁决的执行及公证债权文书的执行等。

（一）成因分析

执行难是指生效法律文书确定的权利义务经过强制执行程序仍未全部实现的客观状态，包括执行不力和执行不能两种情形，前者是指被执行人具备执行条件，而法院没有及时执行到位，后者是指被执行人不具备执行条件，法院无法执行到位。

执行不力和执行不能在表现形式、形成原因、解决办法和法院责任等方面存在差异。执行不力主要表现为：在金钱债权执行中，被执行人有可供执行的财产，法院没有依法及时予以查处变现；在特定物交付执行和行为执行中，被执行人拒不交付或做出特定行为，法院不依法予以强制交付或强制被执行人做出特定的行为。执行不能主要表现为在金钱债权执行中，由于被执行人没有任何可供执行的财产或者虽有财产但受制于客观条件无法用于偿债，法院穷尽一切执行措施，也无法执行到位。

执行不力的成因很多，有法院自身的因素，比如执行不规范，表现为消极执行、选择性执行甚至乱执行等执行失范行为，以及在传统执行模式下执行手段匮乏、执行措施不到位、执行力量不足等；有被执行人的因素，比如被执行人以各种手段逃避、规避执行甚至抗拒执行，如转移财产、隐匿踪迹甚至暴力抗法等情形；有外部环境的因素，比如部分人员、部门干预执行，协助义务单位不配合、消极配合甚至向被执行人通风报信等情形。执行不能的原因包括以下三种情况：一是没有可供执行的财产。例如在相当数量的道路交通事故人身损害赔偿及刑事附带民事等涉民生执行案件中，加害人大多经济条件差，一般除了维持生计的生活必需品之外没有其他可供执行的财产。二是财产无法变现或抵债。例如，有些企业经营困难，其所抵押的生产线、厂房难以处置，有些物品多次拍卖流拍，债权人也不接受以物抵债等。三是市场主体退出机制不畅。例如作为被执行人的企业法人符合破产受理条件，但债权人、债务人都不申请破产以致形成执行不能、破产不得的"僵尸案件"。

准确界定、区分执行不力和执行不能对司法实践的意义重大：如果因为缺乏查找被执行人及其财产的有效手段，而将执行不力案件认定为执行不能，就是为法院的消极执行找借口、寻理由；如果将执行不能案件认定为执行不力，则会成为法院难以承受之重，并浪费有限的司法资源。

（二）破解路径

针对以上成因，十八届四中全会提出了"切实解决执行难"的路径，如制定强制执行法，规范查封、扣押、冻结、处理涉案财物的司法程序，加快建立失信被执行人信用监督、威慑和惩戒法律制度等。

对于执行不力案件，人民法院要承担主体责任，通过规范执行，加大执行力度，确保此类案件全部或绝大部分得到及时有效执行。具体而言，要借助信息化提升法院查人找物的能力；制定强制执行法，规范查封、扣押、冻结、处理涉案财物的司法程序，通过制度和信息化系统规范执行，将执行权关入制度铁笼和数据铁笼；加快建立失信被执行人信用监督、威慑和惩戒法律制度，借助部门间的数据对接强化社会联合惩戒机制、构建社会诚信体系。这些路径有"治外"和"治内"之分："治外"，就是要着力清除规避执行、抗拒执行和外界干预执行等违法现象，不断改善执行工作外部环境；"治内"，就是要集中精力消除人民法院自身存在的消极执行、选择性执行甚至乱执行等执行失范现象，转变工作作风，以"零容忍"的态度整治执行中的腐败问题，并做到执行工作的公开透明，接受当事人和社会的监督。

对于执行不能案件，法院无论采取什么执行措施都不可能执行到位，这类情况属于当事人必须面对的商业风险、交易风险、社会风险。对此，应依靠全社会力量从源头上进行综合治理，比如普及民众的法律知识、树立和增强公民的市场交易风险意识，降低无财产可供执行案件发生的概率；建立自然人、非法人组织破产制度或者强制破产程序、简易破产程序，消化无财产可供执行的案件；对涉民生的无财产可供执行案件，通过社会救助、司法救助制度予以解决。

三 基本解决执行难之顶层设计

根据《工作纲要》的部署，最高人民法院要"立足中国国情，科学谋划解决执行难的顶层设计"。顶层设计是基本解决执行难的前提。缺乏顶层设计，容易导致地方各自为战，方向不明，难以形成合力，造成执行工作的重复和反复，影响基本解决执行难目标的实现。基本解决执行难的顶层设计是指在全国范围内完善执行规范体系、建立统一的网络执行查控系统、建立社会联合惩戒机制。

为了做好顶层设计，最高人民法院遵循执行工作"一性两化"（强制性、规范化、信息化）的工作思路，致力于建立和完善网络执行查控系统，提高法院查人找物的能力；研究制定网络司法拍卖、变更追加当事人、终结本次执行程序、财产保全等系列重大司法解释和规范性文件，规范执行权的运行；建立统一的执行案件流程管理系统，提高执行工作的信息化管理水平，将执行权关入数据铁笼；寻求数据对接和共享，强化执行联动，建立强有力的联合信用惩戒机制；搭建执行公开平台，推广网络司法拍卖，提升执行权运行的透明度，确保阳光执行和廉洁执行。

（一）网络查控：提高法院查人找物能力

基本解决执行难，查人找物是关键。在传统执行模式下，查控手段有限，执行人员通常需要通过登门临柜的方式查找被执行人及其财产。以最常见的执行被执行人的银行存款为例，执行人员需要驱车前往各银行的营业网点查询是否存在被执行人账户，如果发现被执行人在银行有账户且有存款余额，还需要办理冻结、扣划手续，算上在营业网点排队等待时间、办理时间和路上行车时间，半天时间最多可以查询一至两家银行，如果在异地，还要舟车劳顿，物资成本、时间成本都比较高。凡此种种，导致了执行成本高而且效率低。目前，法院"案多人少"的矛盾依然严峻，且被执行人的财产在网络时代越发分散和多样化，因此，这种以人工为主的传统执行模式在财产情况发生重大变化的情况下已经困难重重、难以为继。为了提高查控效率、增强查控效果，缓解"案多人少"压力，解决查人找物难题，最高人民法院向信息化要生产力，在总结地方试点经验的基础上，2014 年 12 月正式开通"总对总"的网络执行查控系统，并不断扩展合作单位、丰富查询内容、强化查控一体化功能，实现了全国四级法院的全覆盖。网络执行查控系统的建立和逐步完善，将对解决执行难起到重大推动作用。

1. 丰富查询信息类型

查人找物需要协助义务单位的配合，在传统模式下，执行人员需要前往各个协助义务单位进行人工查询，费时费力，效率低下。依托网络执行查控系统则可以足不出户对被执行人在协助义务单位的信息进行一键查询。为了扩大网络查询的信息量，最高人民法院不断扩展网络查询的合作单位。截至2016年年底，最高人民法院"总对总"网络查控系统覆盖范围已经从最初的20家银行扩展到了3400多家银行，单位从商业银行1家扩展到了中国人民银行、证监会、工商总局、交通部、公安部等13家，极大地扩展了网络化查控的地域和财产形式覆盖面，大大提升了执行的效率，降低了执行成本。

随着与越来越多的单位实现数据对接，通过网络执行查控系统可查询的信息种类不断丰富，从最初的银行存款1类信息，扩展到14类16项信息，包括中国人民银行的开户行信息、银行的存款信息、公安部的车辆信息和出入境证件信息、农业部的渔船信息、交通运输部的船舶信息、工商行政管理总局的企业法人基本登记信息和企业的对外投资信息、中国证监会的证券信息、中国银联的银行卡消费记录信息、腾讯公司的财付通账户存款信息、阿里巴巴公司的支付宝账户财产信息、京东金融平台的财产信息等。鉴于不动产信息缺乏全国统一数据，最高人民法院与国土资源部联合下发了《最高人民法院国土资源部关于推进信息共享和网络执行查询机制建设的意见》，并组织督查组赴江苏、安徽、福建等省份开展督导检查工作，支持、鼓励和督促各地法院积极推动建设不动产"点对总"网络查控系统，有望在不久的将来建立全国性的不动产查控系统。

2. 精准银行账户查询

金融机构是最主要的财产查询协助义务单位。随着网络执行查控系统功能的不断完善，金融机构的覆盖面越来越广，查询事项也越发明确具体，不仅可以查询静态信息，还可以查到动态信息。一方面，联网查询的银行越来越多，纳入"总对总"网络执行查控系统的金融机构从中央银行（中国人民银行）、有存储业务的政策性银行、四大国有银行、股份制商业银行逐步扩展到城市商业银行、农村信用社乃至外资银行。全国共3705家包括农村信用社在内的商业银行业金融机构，其中有3483家纳入，占94%。另一方面，查询事项越发精确，法院不仅可以联网查询到账户及存款余额，还能够查询到被执行人的金融理财产品和资金往来交易明细，据此判断被执行人的经济状况和履行能力。

3. 强化查控一体功能

查询财产的目的是通过对财产进行控制，进而采取划拨、拍卖等财产处置手段，实现债权。查控一体化是指对网上查到的财产直接进行网上控制，例如对被执行人的银行存款进行网上冻结，甚至扣划；对于查到的被执行人车辆，不仅可以查封车辆档案以限制过户，还可以追踪车辆的运行轨迹甚至对车辆进行路面控制。查控一体化的作用在于，一旦查到财产，可同步采取控制措施，不给被执行人转移财产的时间和机会，提升执行的效率和效果。

最高人民法院不断完善网络执行查控系统的查控一体化功能，截至2016年年底，2000多家银行开通了网络冻结功能，中国工商银行等3家银行开通了网络扣划功能；网络查封船舶功能已经上线运行；证券冻结功能在北京、上海、广东、福建、浙江五地上线试运行；金融理财产品的查控问题已达成共识并会签文件；纳税信息查询、婚姻登记信息查询、低保信息查询及保险投保信息查询等事宜也正在积极磋商中。

网络执行查控系统重在使用，2016年实际应用网络执行查控系统的法院由过去的30%扩展到100%，实现了全国法院的全覆盖。网络执行查控系统的建设和完善，极大地提高了执行效率，扩大了财产查控范围，有力地打击了被执行人隐匿财产规避执行的行为，为基本解决执行难提供了强大的技术保障。截至 2017 年 2 月 20 日，全国 3520 家法院利用查控系统共查询案件 975 万余件、冻结财产 752 亿元，查询到车辆 1427 万辆、证券 133 亿股、渔船和船舶 12.6 万艘、互联网银行存款 2.37 亿元。

（二）规范执行：将执行权关入双重铁笼

1. 完善执行规范体系，铸造制度铁笼

法院消极执行、选择性执行和乱执行是导致执行不力的重要原因，基本解决执行难的任务之一就是要消除这种执行不规范的现象，做到应为必为。为此，除了要扭转执行作风之外，更为根本的是要完善执行规范体系，将执行权的运行关入制度铁笼。

2016 年，最高人民法院围绕执行工作中多发易发问题的关键环节，加快建章立制，先后出台了《最高人民法院关于人民法院办理执行信访案件若干问题的意见》《最高人民法院关于人民法院网络司法拍卖若干问题的规定》《最高人民法院关于人民法院办理财产保全案件若干问题的规定》《最高人民法院关于民事执行中变更、追加当事人若干问题的规定》《最高

人民法院关于严格规范终结本次执行程序的规定（试行）》《最高人民法院、最高人民检察院关于民事执行活动法律监督若干问题的规定》《最高人民法院关于在执行工作中规范执行行为切实保护各方当事人财产权益的通知》《最高人民法院关于对人民法院终结执行行为提出执行异议期限问题的批复》《最高人民法院关于首先查封法院与优先债权执行法院处分查封财产有关问题的批复》等十余个涉执行的司法解释、规范性文件。这些文件对变更追加执行主体、财产保全、网络司法拍卖、终结本次执行程序等事项进行了明确规定，划清执行人员的权力边界，构建了较为完善的执行工作规范体系，增强了执行工作的制度刚性。现仅以其中三个文件为例说明最高人民法院如何对执行权的运行进行制度规范的。

（1）降低门槛，提高财产保全的适用比例

财产保全是指为保障生效裁判的顺利执行、避免胜诉债权人权利遭受损失，而对当事人处分相关财产予以限制的一种诉讼保障制度。实践中，因财产保全设置的要求偏高、执法尺度难以统一、操作不规范等引发的保全难和保全乱问题比较突出，难以保障债权、难以有效遏制债务人隐匿、转移财产，难以平衡保护债务人合法权益。为充分发挥保全制度的应有作用，从源头上缓解执行难，最高人民法院在总结审判执行实践经验的基础上，出台了《最高人民法院关于人民法院办理财产保全案件若干问题的规定》（以下简称《财产保全规定》）。

从司法实践来看，保全难难在两处：一是担保门槛过高；二是保全财产线索难找。因此，《财产保全规定》以这两大难题的解决为切入点，在制度设计上提出了一系列极具针对性的创新举措，着重从以下几个方面着手来提高财产保全的适用率。首先，大幅降低保全担保比例。《财产保全规定》要求合理调整申请诉讼财产保全的担保数额，规定诉讼保全的担保数额不超过请求保全数额或争议标的财产价值的30%，这既统一了全国法院系统的执法尺度，又改变了担保财产必须与保全财产价值等额的传统做法，进一步降低债权人申请财产保全的门槛，避免因担保要求过高导致的保全适用比例过低。其次，拓宽新的保全担保方式。《财产保全规定》对近年来司法实践中出现的新的担保方式予以认可吸收：一是将保证作为一种新型担保方式纳入诉讼财产保全的担保范围；二是规定当事人可以通过购买财产保全责任保险，由保险公司为其财产保全提供担保，并依照民事诉讼法规定承担保全错误的赔偿责任。再次，明确规定无须担保的情形。针对申请人为金融机构、权利义务关系明确等没有必要担保的特殊案件，《财产保全规定》以列举的方式明确规定了不需要提供担保的六种案件类型。最后，允许查控系统提前介入。针对实践中申请人无力查找保全财产线索的困境，《财产保全规定》明确了网络执行查控系统在特定条件下对申请财产保全债权人的开放使用，改变债权人不知道债务人财产情况无法申请保全的传统弊端，提高债权人获取债务人财产信息的能力，进而提高财产保全的适用比例，防止被执行人在诉讼阶段逃债。此外，针对实践中存在的超标保全、恶意保全导致债务人生产生活困难等保全乱问题，司法解释有针对性地采取了两个方面的措施：一是在确保实现保全目的的情况下，依法保护债务人产权。《财产保全规定》明确，被保全人有多项财产可供保全的，在能够实现保全目的的情况下，人民法院应当选择对其生产经营活动影响较小的财产进行保全，对厂房、机器设备等生产经营性财产进行保全时，指定被保全人保管的，应当允许其继续使用。财产保全期间，在不损害债权人合法权益的情况下，允许债务人对被保全财产自行处分。二是禁止超标的保全。《财产保全规定》明确不得超标的保全，对明显超标的土地、房屋等不动产以部分保全为原则，对银行账户进行保全时应当明确冻结数额。

（2）严格终本适用标准，降低终本结案率

终结本次执行程序（以下简称"终本"），主要是指对确无财产可供执行的案件，法院将暂时终结执行程序并做结案处理，待发现财产后恢复执行的一项制度。实践中，地方法院存在为片面追求结案率而滥用终本的现象，将一些本不该进入该程序的执行案件当作无财产可供执行案件处理，损害了债权人的合法权益，一定程度上降低了司法公信力。为防止终本制度的滥用，杜绝个别法院借此甩包袱、逃避职责的现象，最高人民法院制定出台了《最高人民法院关于严格规范终结本次执行程序的规定（试行）》（以下简称《终本规定》）。

《终本规定》为终本结案适用规定了严格的实质要件和程序要件，并对终本案件提出明确的后续要求。首先，穷尽财产调查措施。终本结案的前提是必须穷尽财产调查措施，未发现被执行人有可供执行的财产或者发现的财产不能处置。《终本规定》对财产报告事项、穷尽财产调查措施等设置了近乎苛刻的细化标准，要求对被执行人的存款、车辆及其他交通运输工具、不动产、有价证券等财产情况通过网络和传统相结合的方式进行全方位查询，对申请执行人的财产线索予以核实，必要时采取搜查、审计、悬赏公告措施等，凡是作虚假报告、逾期报告的要予以惩戒。其次，履行所有的程序要件。根据《终本规定》的要求，在做出终本结案之前，必须完整履行一系列程序：采取了发出执行通知、责令被执行人报告财产等必要的执行措施；依法对被执行人采取了限制高消费及非生活或者经营必需的有关消费、纳入失信被执行人名单等惩戒措施；执行案件立案后已经超过特定期限；对于下落不明的被执行人已经依法予以查找，对妨害执行的相关人员已依法采取强制措施；将相关信息告知申请执行人并听取意见等。最后，明确终本后续程序。《终本规定》明确了案件终结本次执行程序后恢复执行的两种途径：一是申请执行人可以提供被执行人的财产线索，向人民法院申请恢复执行，人民法院经核查属实的，应当恢复执行；二是终本后的五年内，人民法院应当每6个月通过网络执行查控系统查询一次被执行人的财产，发现财产符合恢复执行条件的，人民法院应当依职权恢复执行。《终本规定》畅通了终本案件的恢复渠道，可以切实保障债权人的合法权益。

（3）明确变更追加规则，精准打击规避行为

变更追加当事人是指在执行程序中，变更或者追加第三人为申请执行人或被执行人的一项制度。实践中，被执行人往往通过假离婚、违法注销企业、变更企业法定代表人、抽逃出资、无偿转移财产等方式逃避、规避执行，而现行法律、司法解释对于直接追加变更当事人的规定不甚明确，法院的执行工作受到很

多掣肘，也为逃避、规避执行提供了空间。为反制规避执行、迅速实现债权、减轻当事人讼累，统一执法尺度，最高人民法院出台了《最高人民法院关于民事执行中变更、追加当事人若干问题的规定》（以下简称《变更追加当事人规定》）。

《变更追加当事人规定》对法院在民事执行中变更追加当事人问题作了全面、系统、明确的规定，填补了法律、司法解释的空白，便于社会各界理解和人民法院适用。首先，明确了变更追加法定原则。《变更追加当事人规定》将变更追加事由严格限定于法律、司法解释明确规定的情形，严禁没有法条依据的追加，有利于解决执行实践中执法尺度不统一的问题，可有效防止随意追加被执行人可能带来损害案外人权益的情形出现。其次，明确了变更申请执行人的法定情形。《变更追加当事人规定》用8个条文，明确规定生效法律文书确定的权利，因公民死亡、法人或其他组织合并分立等发生概括继受，或者因债权转让、离婚分割等发生特定继受时，权利承受人可以申请变更、追加自己为申请执行人，以充分保护申请执行人及相关权利人的合法权益。再次，明确了直接追加被执行人的情形，有利于反制规避执行行为。《变更追加当事人规定》增加了特定条件下可以追加违法注销被执行人企业的相应责任人、无偿接受被执行人财产的主体等为被执行人的规定，如变更、追加瑕疵出资有限合伙人、对瑕疵出资承担连带责任的公司发起人、出让瑕疵股权的股东、违规注销企业的清算责任人、承诺对被执行人债务承担责任的主体、无偿接受行政命令调拨财产主体、财产混同的一人公司股东等。该规定可以对逃避、规避行为精准打击。最后，根据追加情形赋予了被追加人不同的救济途径。《变更追加当事人规定》依据追加的不同情形，给被追加人设计了不同的救济途径：一般情形是向上一级人民法院申请复议；六种特定情形是直接向执行法院提起案外人执行异议之诉。另外，《变更追加当事人规定》还增加规定了审查期间的保全制度，并对复议、诉讼期间的财产执行问题予以明确，以防止被变更、追加为被执行人的一方在此期间转移财产，导致生效裁判无法执行。

2. 统一执行管理系统，打造数据铁笼

要消除法院消极执行、选择性执行、乱执行现象，除了进行制度规范之外，还必须借助信息化手段，将执行案件纳入流程管理系统，压缩执行人员的自由裁量空间，将执行权关入"数据铁笼"。实践证明，信息化的执行管理方式是规范执行行为，消除消极执行、选择性执行、乱执行等乱象的有效途径。

（1）执行案件节点管理

2016 年 5 月最高人民法院完成执行案件流程信息

管理系统的研发，并于 2016 年年底在全国法院投入使用，所有新收案件已在该系统办理，2500 多万件旧案件的历史数据逐步转移到系统中。该系统为 8 类执行案件设置 37 个关键节点。流程节点管理确立了严格的执行权运行标准，对于每一个执行案件，从立案、执行通知、统查被执行人的财产，到财产的评估、拍卖、变现、案款分配和发还等程序都要在系统内进行，每一个步骤必须严格按照流程进行，完成标准动作之后才能进入下一个环节，没有通融的余地。流程节点管理还实行精细化的执行期限管理，通过系统跟踪，有效避免消极执行、选择性执行和乱执行。此外，为确保被执行人身份信息的准确，最高人民法院通过与身份查询中心和全国组织机构代码查询中心合作，在系统中增加身份信息自动校验功能，防止出现错误限制和错误查控损害第三人权益。

（2）现场执行远程可视

尽管许多案件的法官凭借网络执行查控系统足不出户便可办结执行案件，但还是有相当一部分案件需要执行法官到现场采取查询、扣押、查封、扣划、拘留被执行人等措施。在执行指挥中心未建立之前，很难对执行人员现场执行行为是否依法、规范、到位进行有效监督。2014 年 12 月，最高人民法院建成覆盖全国法院的执行指挥系统，自此执行法官前往执行现场及采取执行措施的全过程均可通过执行指挥车、单兵执法记录仪同步传输到法院的执行指挥中心，上级法院也可以通过远程指挥监控系统观看执行现场，做到执行现场全程可视化。截至 2016 年年底，全国所有高级人民法院、大多数中级人民法院和部分基层人民法院已建成执行指挥中心。依托信息化建成的执行指挥中心既能规范执行干警的执行行为，还能快速处置执行突发事件，有效地震慑被执行人。

（三）执行惩戒：强力震慑失信被执行人

被执行人以各种手段逃避、规避执行甚至抗拒执行是执行难的直接原因，因此，要基本解决执行难，除了提升法院查人找物能力、规范法院执行行为之外，还必须对被执行人进行失信惩戒，对情节恶劣的还要依法追究相应的法律责任。党的十八届四中全会也明确要求"加快建立失信被执行人信用监督、威慑和惩戒法律制度"。

在传统执行模式下，对失信被执行人进行信用惩戒，大多是在失信被执行人居住地或者法院张贴"老赖"名单，限制其高消费也只能依赖举报线索进行事后惩戒，手段单一、措施滞后、影响范围有限。随着信息化的发展和国家大数据战略的确立，信用惩戒的力度和效果将会增强，不仅在最大范围内对"老赖"

进行失信曝光，还通过法院与相关部门的数据对接，限制失信被执行人从事消费或其他受益性活动，并逐步建立依法追究失信被执行人法律责任的常态机制。

1. 搭建平台，曝光失信

为震慑被执行人，促使被执行人主动履行义务，最高人民法院建立了公布失信被执行人名单制度。2013 年 7 月，最高人民法院出台《最高人民法院关于公布失信被执行人名单信息的若干规定》。2014 年最高人民法院在《人民法院第四个五年改革纲要（2014—2018）》中提出，"加强失信被执行人名单信息公布力度，充分发挥其信用惩戒作用，促使被执行人自动履行生效法律文书"，"完善被执行人信息公开系统建设，方便公众了解执行工作，主动接受社会监督"。为扩大影响范围，最高人民法院依靠信息化手段开通了全国法院失信被执行人名单信息公布与查询平台，并借助微博、微信平台开设"失信被执行人曝光台"，与人民网联合推出"失信被执行人排行榜"。公布和通报失信被执行人信息，对当事人形成了一定的舆论压力，既促进了失信被执行人自动履行义务，也有利于建设社会诚信体系。截至 2017 年 2 月 20 日，平台累计公布失信被执行人 680.89 万例，其中自然人 581.77 万人，企业或其他组织 99.12 万个。

2. 共享数据，联合惩戒

成熟完善的社会信用体系是破解执行难的有效机

制。十八届三中全会通过的《中共中央关于全面深化改革若干重大问题的决定》明确提出，要推进部门信息共享、建立健全社会征信体系，褒扬诚信，惩戒失信。建立在数据对接基础上的网络化执行联动机制是指通过对被执行人涉案信息的共享，国家有关职能部门和社会公众共同对被执行人进行惩罚和制约，以促进被执行人自觉履行义务、全社会遵法守信的一种社会运行机制。建立执行威慑机制是构建诚信社会的必然要求，也是破解执行难的有效途径之一。通过向执行联动成员单位开放、共享法院执行案件信息，共建失信惩戒合作机制，变个案联动为对所有失信被执行人进行批量联动。

最高人民法院纵深推进执行联动机制建设，加强与公安、铁路、民航、银行、工商等部门及腾讯、芝麻信用、支付宝等企业合作，不断拓展对失信被执行人联合信用惩戒的范围和深度，在出行、投资、置业、消费、网络等各领域对失信被执行人进行信用惩戒，最大限度地挤压失信被执行人的活动空间。2016 年 1 月，最高人民法院与国家发展和改革委员会等 44 家单位联合签署了《关于对失信被执行人实施联合惩戒的合作备忘录》，共推出 8 大类 55 项惩戒措施，在 30 多个重点领域对失信被执行人进行信用惩戒，让失信被执行人寸步难行、处处受限。6 月，中央深改组审议通过了最高人民法院起草的《关于加快推进失信被执行人信用监督、警示和惩戒机制建设的意见》，9月，中共中央办公厅、国务院办公厅印发该《意见》，提出建立健全联合惩戒机制，以系统化、信息化、技术化手段，确定了11类100多项具体惩戒措施。为贯彻落实有关惩戒措施，最高人民法院协同国家发展和改革委员会、工业和信息化部、住房和城乡建设部、交通运输部、水利部、商务部、国家铁路局、中国民用航空局八部门联合会签了《关于在招标投标活动中对失信被执行人实施联合惩戒的通知》，在招标投标领域联合限制失信被执行人；协调财政部下发了《财政部关于在政府采购活动中查询及使用信用记录有关问题的通知》，对失信被执行人从事政府采购进行限制；协调中国银监会下发了《中国银监会办公厅关于进一步加强银行业诚信建设的通知》，在机构设立、高管任职等市场准入工作中和授信审批中对失信被执行人进行限制；联合中国证监会下发了《最高人民法院、中国证券监督管理委员会关于试点法院通过网络查询、冻结被执行人证券有关事项的通知》，对失信被执行人从事证券市场活动采取16种限制措施。截至2017年2月20日，限制623.74万人次购买飞机票；限制226.66万人次购买列车软卧、高铁、其他动车组一等座以上车票；限制7.1万失信人担任企业法定代表人及高管。仅中国工商银行一家就拒绝失信人申请贷款、办理信用卡 55 万余笔，涉及资金达到 69.7 亿元。据不完全统计，因失信而被开除的机关事业单位工作人员有 31 人，撤职的有 25 人，降级的有 23 人，有关资格受到影响的有 652 人，取消招录或晋升的有 142 人，被罢免的基层人大代表、政协委员有 122 人。有近百万失信被执行人主动履行了法律义务。

（四）阳光执行：提升权力运行的透明度

当事人最为关心的，是执行案件进行到什么程度、法院采取了哪些措施、能否拿到"真金白银"。公众对执行工作不满，部分原因是执行过程不公开透明，当事人对于执行案件的办理进展以及法院都采取了哪些执行措施不清楚。在"案多人少"的压力之下，要让执行人员与每一个案件的当事人当面充分沟通并不现实，因此需要借助信息化平台，向当事人公开执行节点信息和流程，满足当事人的知情权。另外，执行中的关键环节是司法拍卖，2016 年最高人民法院着力推行司法网拍，努力实现阳光拍卖、廉洁拍卖，减少暗箱操作和权力寻租。

1. 整合执行公开平台

为了提升执行透明度，强化对执行工作的监督，最高人民法院早在 2006 年就出台了执行公开专项规定，即《最高人民法院关于人民法院执行公开的若干规定》。2013 年，最高人民法院提出建设包括执行公开平台在内的三大公开平台。2014 年，最高人民法院又出台了《最高人民法院关于人民法院执行流程公开的若干意见》，确立执行流程信息以公开为原则、不公开为例外的总要求，全面推进阳光执行，实现执行案件办理过程全公开、节点全告知、程序全对接、文书全上网的目标。

最高人民法院在《人民法院第四个五年改革纲要（2014—2018）》中提出"完善执行信息公开平台"，包括"整合各类执行信息，推动实现全国法院在同一平台统一公开执行信息，方便当事人在线了解执行工作进展"。根据《人民法院第四个五年改革纲要（2014—2018）》的要求，最高人民法院于 2014 年 11 月对全国法院失信被执行人名单信息公布与查询、被执行人信息查询、执行案件流程信息公开、裁判文书公开等信息平台进行了有机整合，建成"中国执行信息公开网"，向当事人和社会公众公开与执行案件有关的各类信息。执行公开平台可以让当事人、社会公众及时、全面掌握案件执行情况，把执行过程"晒"在阳光下。案件当事人可以凭证件号码和密码从平台获取执行立案、执行人员、执行程序变更、执行措施、执行财产处置、执行裁决、执行结案、执行款项分配、暂缓执行、中止执行、终结执行等信息。为了加强执行案款管理，切实维护当事人合法权益，最高人民法院于 2016 年 11 月在中国执行信息公开网上开设执行案款领取公告查询栏目，由各执行法院将联系不上当事人的案款信息予以公告。

2. 推广司法网络拍卖

初步统计，在人民法院查控到的所有财产中，存款只占 40%，其余财产形态要通过评估、拍卖等方式变现后才能向当事人支付。传统拍卖，不仅成交率低、溢价率低，还有围标串场、暗箱操作、权力寻租等弊端。电子商务的发展为司法拍卖提供更为开放的模式，网络司法拍卖使拍卖环节变得更加阳光透明，越来越多的地方法院将司法拍卖搬到电子商务平台。《人民法院第四个五年改革纲要（2014—2018）》提出，要"加大司法拍卖方式改革力度，重点推行网络司法拍卖模式"。浙江省高级人民法院从 2012 年开始，率先推行通过淘宝网进行网络拍卖，这一模式经过实践检验，迅速得到了各地的积极响应。与传统拍卖相比，网拍的成交率、溢价率成倍增长，流拍率、降价率和拍卖成本明显下降，形成"两升三降"的良好态势。网拍的公开透明度也比过去显著提高，有效祛除了权力寻租空间，彻底斩断了利益链条，对形成公开、公平、公正、廉洁的执法环境发挥了重要作用。浙江、江苏等省份网拍运行 4 年多来，实现了违法违纪"零投诉"。以淘宝网一家网站为例，全国有 29 个省份 1900 多家法院通过该平台共计拍卖 42 万余次，拍卖标的物 20 万余件，成交额 2600 多亿元，平均成交率达到 90.25%，溢价率达到 74.76%，为当事人节省的佣金达到 80 亿元。

2016 年 8 月，《最高人民法院关于人民法院网络司法拍卖若干问题的规定》出台，确立了网络司法拍卖优先原则，在全国范围内推广网络司法拍卖制度。2016 年 11 月，最高人民法院根据第三方机构的测评结果，公告并建立了全国性网络服务提供者名单库。经过专门成立的评审委员会评审，最终确认全国有 5 家网站首次被纳入网拍名单库。网络司法拍卖借助网络拍卖平台的公开、透明、高效特点，实现了拍卖程序的全程、全面、全网络公开，确保司法廉洁，并通过网上竞拍规则的创新，全面提高执行工作效率，促进当事人利益最大化，促进财产处置难问题的有效缓解。从 2017 年 1 月 1 日起，全国法院全面推行网络司法拍卖。

四 基本解决执行难之地方实践

基本解决执行难，一方面需要最高人民法院从全国层面制定良好的制度，搭建统一的平台，统筹推进全国的执行工作、形成合力；另一方面也需要地方法院的创新经验和改革探索。根据《工作纲要》的要求，作为最高人民法院顶层设计的有益补充，"各地法院要紧紧围绕提高执行工作效率、增强司法公信力目标，在执行理念、执行方式、执行管理等方面勇于探索、大胆创新，不断积累解决执行难的实践经验"。2016 年，在最高人民法院的推动下，地方法院进行了声势浩大的执行专项行动，为基本解决执行难目标的实现打下良好的基础。

（一）地方创新经验

基本解决执行难既要加强顶层设计，又要鼓励地方创新。顶层设计未触及或细化的地方为地方创新留下了空间。2016年基本解决执行难目标确立之后，地方法院进行了以下几方面的创新探索。

1. 强化网络执行查控功能

最高人民法院在全国建立了统一的网络执行查控系统，查询的信息类型丰富，查控的范围覆盖全国，但是受制于行业信息化水平和地区发展水平的不平衡，"总对总"网络执行查控系统在某些领域未能在全国层面实现统一的信息接入，还有赖于地方"点对点"网络执行查控体系作补充。

（1）不动产联网地方先行

由于制度和环境的限制，不动产信息迟迟未能在全国范围内实现联网，法院运用"总对总"网络执行查控体系无法实现对不动产信息的一键查询。在不动产未能实现全国联网的情况下，地方法院积极寻求与地方不动产管理部门合作，将一定层面的不动产联网信息纳入"点对点"网络执行查询体系。受益于深圳房地产信息化程度高度发达的外部环境，深圳的"鹰眼查控网"成为全国各执行查控信息化平台中首批以"点对点"的方式实现房地产查控的网络平台。"鹰眼查控网"实现了对房产信息"全覆盖式"查询和控制，不仅可以查询到整个深圳地区的房产基本信息，还能够查询房产的查封和抵押情况等详细信息。甘肃省高级人民法院积极协调甘肃省国土资源厅和不动产登记局，首批在兰州、白银开通房地产信息网络查询。2016 年 7 月，长沙市中级人民法院建设完成与长沙市国土资源局、住房和城乡建设委员会的查控"专线"，与不动产登记系统对接，实现网络查询被执行人房地产、采矿权等信息。厦门市两级法院将查控系统直接对接土地房产局的不动产资源查询信息库，实现对被执行人的土地及房产信息网络自动查询。

（2）强化同步查控功能

《最高人民法院关于网络查询、冻结被执行人存款的规定》第 9 条指出："人民法院具备相应网络扣划技术条件，并与金融机构协商一致的，可以通过网络执行查控系统采取扣划被执行人存款措施。"鉴于网上冻结和扣划功能的实现依赖于银行的内部工作流程及配合度，现阶段，"总对总"网络执行查控系统实现了对多数银行的网上冻结，但是仅和中国工商银行等少数银行协作实现了网上扣划。在查控一体化方面，有些地方的"点对点"网络执行查控系统运行良好。例如，深圳"鹰眼查控网"在 20 家商业银行实现了对存款余额进行"查冻扣"，法官在查询到被执行人银行存款余额后可以第一时间启动划款，将对被执行人银行账户的查询到控制（处置）的时间间隔降至最低。甘肃省高级人民法院升级拓展了"点对点"司法查控网络平台，全面实现网上查询、冻结、划拨银行存款。

2. 落实社会联合惩戒体系

在联合惩戒方面，虽然最高人民法院积极协调相关部门和单位建立社会执行联动机制，但是很多还停留在签署框架协议的层面，具体落实还需要地方的强力推进。

（1）建立集约化的威慑系统

为联合媒体、银行业金融机构共同营造打击失信被执行人的合力和良好舆论氛围，江西省高级人民法院在全国率先建成"法媒银失信被执行人曝光台"，失信名单由银行推送、媒体发布，接受法院监管。"法媒银失信被执行人曝光台"除了具备公开曝光功能之外，还有"在线举报监督"功能：对外接受群众对"老赖"高消费行为和财产线索的举报；对内接受群众对法院消极执行、选择执行、怠于执行行为的监督。上海市高级人民法院建立集成化的执行威慑系统，提供对执行案件被执行人限高令、曝光、纳入失信名单、限制出境、网上追查、拘传、罚款、拘留、判处拒执罪等措施的记录、跟踪与提醒管理。

（2）建立社会联合惩戒平台

2016年5月，福建省泉州市石狮市法院出台《石狮市联合惩戒失信被执行人实施方案》，并建成失信被执行人联合惩戒平台。平台以法院为运行主体，由23

个单位和部门参与联动，实行"一单位一账户"管理，自动记录 23 个联动单位登录系统查询和实施惩戒的情况，自动生成平台使用管理监督台账，实现全程留痕。为督促联动部门主动运用平台对失信被执行人实施联合惩戒，石狮市委将 23 家联动部门配合情况纳入绩效、综治及文明单位等考核体系。依托失信被执行人数据库，石狮市法院还与公安机关建立了协助拘留失信被执行人和扣押失信被执行人车辆系统。深圳市中级人民法院将被执行人的信息在深圳市公安局、深圳市市场监督管理局、深圳市规划和国土资源委员会、中国人民银行深圳中心支行锁定，限制被执行人在深圳办理出入境手续、经办企业、购买房产、贷款等行为，限制其市场经营行为，使其事实上退出市场，陷入准破产状态。

3. 建立终本案件管理系统

实践中终本制度之所以被滥用，除了因为程序标准未作统一严格规范之外，还因为这类案件分散在各类执行案件之中，缺乏专门的管理监督。2016 年的《终本规定》除对终本结案的实质要件和程序要件做出严格规定之外，还提出"最高人民法院将建立终结本次执行程序案件信息库"，对终本案件进行单独管理。

在最高人民法院建立终本案件信息库之前，地方法院进行了不同程度的探索，依靠信息化对终本案件进行规范化管理。例如，江苏省高级人民法院开发了终本案件管理系统，对终本案件实行集中管理、分类管理、动态管理。江西省高级人民法院设定了终本案件自动查询功能，每隔 6 个月自动发起网络查询。北京市高级人民法院的办案平台将案件区分为有财产案件和无财产案件，针对无财产案件，建立了单独的终本案件管理库进行动态管理，并在网站上公开了三级法院的终本结案数据和详细的终本个案数据，接受社会监督。为严格控制终本结案，北京市高级人民法院还在办案系统中对"终本报结"这一节点设定了程序自控功能，对有财产未处置完毕的，系统禁止以终本方式报结。

4. 创新财产保全集约机制

为提高财产保全案件办理的专业化水平和工作效率，重庆市高级人民法院建立民事财产保全中心。2016 年，重庆市高级人民法院出台了《关于全市法院建立民事财产保全中心规范高效开展保全工作的意见》，决定在全市三级法院建立民事财产保全中心。发展至今，重庆市 45 家法院民事财产保全中心全部挂牌成立并投入运行。民事财产保全中心打造专职化民事财产保全工作队伍，由专门人员负责保全的审查、裁定、执行、复议等重要事项，并配备一定数量的法官助理、书记员和司法警察从事保全工作。重庆法院成立民事财产保全中心对保全事务进行集约化办理，有利于集中整合民事财产保全资源，优化民事财产保全的资源配置，加强与立案、审判、执行部门的工作衔接，使审判法官集中精力做好庭审裁判、执行法官提高执行兑现率。

5. 创新类案集中执行机制

执行中，涉及同一被执行人的案件较多，因为不同的管辖事由，往往分布在多个执行法院。各执行法院均要对被执行人的财产情况依法展开调查，并采取其他执行措施，措施重复、低效。此外，因为各债权人申请进入执行程序和采取执行措施的时间等存在差异，也可能导致不同债权人获得不同比例清偿，受偿不均，引发债权人对法院执法不公的疑虑。鉴于以上种种情况，实践中，有的地方法院将一定数量的类案集中到一个法院执行，取得显著成效。例如，江苏法院通过统一办案平台，对同一个被执行人有200件以上案件的，集中提级到高院或中院执行，进一步提高执行效率，切实公正平等地保护各债权人的合法权益，提升司法公信力。

6. 创新执行活动公开机制

阳光是最好的防腐剂。近年来，全国法院大力推进执行公开，加大社会监督力度，提升了执行行为的规范化水平。2016 年年初以来，有些地方法院在执行工作方面进行了积极探索，将执行公开从流程节点信息的公开延展到执行活动的全程公开，向社会展示了执行活动的细节和难度，赢得了社会舆论的理解和认可，并对被执行人造成了强大的舆论压力，取得了良好的效果。例如，江苏省高级人民法院与网易网及江苏电视台合作，对徐州、无锡、苏州集中执行活动进行全媒体直播，引起社会热切关注，围观网民累计超过 1200 万人次，其中约有 100 万网民参与互动和评论，对被执行人造成强大舆论压力，部分被执行人迫于压力，自动履行义务。

（二）执行改革试点

权力运行得好坏，很大程度上取决于是否有一套科学合理的体制。十八届四中全会提出，优化司法职权配置，推动实行审判权和执行权相分离的体制改革试点工作。2015 年上半年，最高人民法院先后批准广东、浙江、广西、河北等地审执分离体制改革试点方案，同意各地分别在加强执行警务保障、设立专门执行裁判庭、强化执行实施机构上下级领导关系等方面开展深化内部分离试点工作。2016 年，最高人民法院在 2015 年四地试点法院基础上，又批复同意青海、贵州、四川成都、海南、上海、江苏六个地区法院的试点改革方案，扩大了审执分离改革的试点范围，探索团队化执行模式，强化执行警务保障机制建设。2016年9月，最高人民法院在河北省唐山市召开全国法院审执分离体制改革试点工作经验交流会，进一步推动了执行体制改革。

1. 深化审执分离机制

审执分离包括两个层面，一是法院的审判权与执行权的分离；二是执行权内部执行裁决权与执行实施权的分离。根据有关法院的梳理，民事强制执行中的主要权力有125项，其中，执行实施权有61项，执行审查权有64项。这就意味着，需要进行是非判断的审查审判权约占执行权的一半，对当事人影响重大。因此，最高人民法院提出，现阶段审执分离改革的基本思路是"深化内分、适当外分"，并保证一定数量的执行法官。

为促进涉执行诉讼审判专业化，提高审判执行质效，保护当事人、案外人合法权益，试点法院先后成立了执行裁判庭。2015年8月，广西壮族自治区高级人民法院将执行局的一个庭改设为执行裁决庭，脱离执行局，划归审判部门序列，负责审理执行程序衍生的实体争议案件。执行局现有的内设机构综合管理处、执行一庭、执行二庭的设置保持不变，但主要职责做相应的调整，实现执行裁决权和执行实施权内部分离。

上海市高级人民法院在推进执行权与审判权分离的改革中，一方面，准确定位执行机构职能，执行实施权由执行局统一行使；另一方面，科学设置执行裁判庭编制、职能，在全市三级法院设立独立建制的执行裁判庭，将执行裁决权从执行局分离出去，由新设立的执行裁判庭统一行使。新设立的执行裁判庭主要负责诉讼程序中的涉执行诉讼审判及执行程序中的执行裁决。

　　河北唐山法院的审执分离体制改革较为独特。2015年7月，唐山市中级人民法院作为审执分离体制改革市级试点单位，经过探索形成了唐山法院"上统下分，裁执分离，人财物案统一管理"的"两分一统"垂直管理执行工作新模式。唐山市中级人民法院执行局组建5个跨行政区域的执行分局作为其下设机构，撤销基层法院执行局，改设为执行分局执行大队。唐山市中级人民法院将执行局原内设的执行一庭，改设为执行裁决庭，使其脱离执行局，纳入审判机构序列，负责审查处理执行行为异议和部分案外人异议案件，审理涉执诉讼一审、二审案件；在基层法院同时设立执行裁决庭，归属审判部门序列，负责审查处理部分案外人异议案件，审理涉执诉讼一审案件。

　　2016年，作为执行改革第二个市级试点单位，四川省成都市中级人民法院深入推进执行裁决权与执行实施权的分离，强化审判权对执行实施权的制约和监督，将执行裁决事项完全从执行局内部剥离，另行组建执行裁判庭或与相关审判业务庭合署办理执行裁决案件，建立明晰的执行裁决权和执行实施权清单。在将执行实施权与执行裁决权进行彻底分离的基础上，成都市中级人民法院还将原执行局分离成两个部门（执行局、审执监庭），并将执行局部分执行员配置到审执监庭，办理执行异议、复议等案件。

2. 探索团队化执行模式

执行案件具有财产查找、控制、处分、异议审查、裁定决定、信访维稳、结案归档等流程，传统执行模式下由一人包办或分段执行，存在整体效率低下的弊端。为提升执行效率，不少法院在法官员额制后积极开展执行工作模式的改革实践，探索完善由法官为主导与法官助理、书记员、司法警察组成团队，进行团队化执行的模式。在团队化执行模式下，执行工作中带有判断性质的裁定、决定和命令由法官做出，裁决的具体实施由法官助理、书记员、司法警察根据法官指令完成，充分发挥团队整体效能，实现执行资源的效用最大化。执行团队由法官带领，法官对外承办团队所有的执行案件，主要负责审核签发裁定、决定和命令等文书，并组织、指挥团队其他人员予以实施；法官助理（执行员）对内承办执行案件，在司法警察和书记员的协助配合下，以信息化的手段、标准化的方式集约化地实施法官做出的裁定、决定和命令。团队化的执行模式不但能够节省法官员额，而且可以创造出"1+1>2"的整体效能。例如，北京市门头沟区人民法院在执行工作中试行"1名法官+2名法官助理+1名书记员+1名法警"的团队化模式，2016年第一季度结案230件，同比上升63.1%，平均发款用时13.58天，无一例信访投诉案件。

3. 强化执行警务保障机制

与审判相比，执行工作具有主动性、强制性的特点，司法执行人员在执行过程中需要处理各种突发情况，还要对被执行人实施拘留、拘传等强制措施。优化执行队伍构成，让部分执行实施人员转为司法警察，让更多司法警察参与执行工作，有助于化解和遏制强制执行过程中的矛盾，增强执行威慑力。探索加强执行警务保障机制的建设是执行改革的一项重要内容。推进警务保障机制改革的主要目的是增强执行的权威性和威慑力，有利于保障执行干警权益。不少法院强化执行警务保障，坚持"编队管理、派驻使用"原则，合理界定司法警察的执行职责，积极发挥司法警察作用，保障执行活动顺利进行。例如，广西壮族自治区高级人民法院在法警总队增设司法警察执行支队，并将支队派驻执行局，专门为执行提供警力保障。江苏法院开展了执行实施人员转任司法警察工作。全省法院共1334人报名转任司法警察，1161人通过理论考试及体能考核，各法院从上述人员中考察决定转警充实到执行实施岗位的人选。上海全市三级法院均建立专门执行司法警察机构，确立了"统一管理，分级指挥"的原则，实行双重领导管理体制，即警政、警训、警衔管理由法警部门负责，日常考勤、考核由执行局负责，执行司法警察在执行法官的指挥下依法履行职责。

（三）执行专项行动

基本解决执行难既要"瞻前"又要"顾后"，不仅需要通过创新和改革执行体制机制加大对未来执行案件的办理力度，还要摸清家底，对历史遗留的积案、旧案进行全面和彻底地清理。为此，在最高人民法院和相关部门的统一部署下，全国开展了对执行案款的集中清理以及涉民生、涉党政机关执行案件集中执行的专项行动。部分地方也针对各地实际，有针对性地开展专项行动，解决实践中的突出问题。

1. 执行案款集中清理

执行案款管理涉及当事人切身利益，与解决执行难息息相关，是最能影响当事人感受，关乎司法公信的重要环节。长期以来，法院不设执行款专户，或者即使设立专户，执行案款也往往掺杂其他的暂存款、"过路款"。这种粗放、混乱的案款管理方式，造成部分执行案款长期滞留法院，甚至存在对发放执行款物设置障碍以及挪用、侵占、贪污执行款物等违法犯罪问题。为了加强案款管理，确保执行队伍廉洁，2016年3月，最高人民法院和最高人民检察院联合下发了《关于开展执行案款集中清理工作的通知》，决定对全国法院2015年12月31日前已经收取但尚未发放的执行案款开展集中清理活动，推广"一案一账户"的精准管理制度，构建案款清理工作长效机制。经过全国各地法院的努力，截至2016年11月3日，全国法院共清理发放执行案款900亿元。

在执行案款集中清理专项行动中，北京法院的做法值得借鉴。2016年2月，北京法院启动了执行案款清理和规范工作，实行"一案一账户"的精细化管理。首先，建立三级法院统一使用的案款归集管理系统。为解决执行案款混同、案款发还不及时问题并防范案款发还中的风险，北京市高级人民法院研发并在全市推广了案款归集管理系统，有效解决了原有案款管理模式下执行案款底数不清、案款长期滞留法院等问题。北京法院执行案款的精细化管理，堵住了案款管理漏洞，防止了执行案款形成新的沉淀，初步形成案款收发的良性循环。执行立案后，系统即生成该案专属且唯一的收款账号，并自动载入执行通知书和划款通知书；案款到账后，到账信息同步推送到执行办案平台和财务管理平台，并启动 30 天的发还案款的倒计时机制。其次，出台专项操作规范。针对保险公司习惯将多个案件的案款打包汇到法院账户的现象，北京市高级人民法院积极沟通协调，制定了《北京市保险业机构向北京法院缴纳执行案款操作规范》，并下发到各家在京保险公司。最后，引入第三方审计机制。2016 年 7 月，北京市高级人民法院下发了《关于聘请第三方审计机构对全市法院执行案款进行审计的通知》，要求全市法院进一步做好执行案款的清理及登记工作，切实加强执行案款资金全流程监督和管理，聘请第三方审计机构（市财政局招标入围的审计机构）对全市法院的执行案款管理工作进行审计。

2. 特殊案件集中执行

集中执行的特殊案件是指被执行人是特殊主体或者案情涉及特殊利益的案件，主要包括涉党政机关执行案件和涉民生执行案件。相对于普通当事人，公职人员和公法人更应该履行法律文件所规定的义务。然而长期以来，党政机关和公职人员不履行法院判决确定的支付、赔偿等义务责任，是各地法院执行工作的难点。早在 2012 年，最高人民法院即曾在全国范围内推动开展对党政机关执行人民法院生效判决的专项积案清理工作。2016 年，中央全面深化改革领导小组第二十九次会议强调，要加大对各级政府和公务员失信行为惩处力度，将危害群众利益、损害市场公平交易等政务失信行为作为治理重点。湖北、江西、吉林等地党委要求党政机关自觉履行人民法院生效裁判，并将落实情况纳入年度考核范围。为了便于加强对案件的跟踪监督，浙江省建立党政机关执行人民法院生效裁判案件管理模块，各级法院在收案时填报被执行人"特殊身份"，全面及时掌握案件进展。

涉民生执行案件主要指涉及人民群众生存生活的案件，即追索劳动报酬、农民工工资、赡养费、扶养费、抚育费、抚恤金、医疗损害赔偿、交通事故人身损害赔偿、工伤保险待遇九类案件。涉民生案件的执行效果与老百姓的生计休戚相关，直接影响人民群众对司法公正的切身感受，关乎社会和谐稳定的大局。最高人民法院除在日常办案中强化执行涉民生案件外，每年都会在元旦、春节期间开展涉民生案件的集中执行工作，定期发布涉民生执行的典型案例。

2016 年元旦、春节期间，最高人民法院开展涉民生案件集中执行行动。从 2015 年 12 月 1 日至 2016 年 2 月 15 日，全国共执结涉民生案件 89633 件，执行到位金额 367671.11 万元，司法救助 17454 人，救助金额 24006.63 万元。2016 年 12 月 12 日，最高人民法院再次开展涉民生案件集中执行行动，截至 2017 年 1 月 11 日，行动已取得阶段性成效，全国共执结涉民生案件 8 万件，执行到位金额约 38 亿元，向 8 万余名涉民生申请执行人发放执行款，司法救助 1 万余人，救助金额约 1.4 亿元。2016 年地方法院持续开展涉民生案件集中执行行动。内蒙古法院在各次专项活动中，将拖欠工程款、劳动报酬、赡养费、抚养费、交通肇事赔偿费、医疗赔偿费等涉民生案件和涉党政机关等特殊主体案件，作为重点予以执行。浙江法院在 2016 年开展为期三个月的夏季集中执行行动，剑指涉群体性和社会稳定案件、涉民生案件和涉党政机关、公职人员等特殊主体案件以及一年以上未结案件等重点难点案件。

各地法院结合各自工作实际，有针对性地开展了专项活动。河南法院开展"百日执行风暴"专项活动。从 2016 年 9 月 1 日开始，全省三级法院集中开展了声势浩大的"百日执行风暴"专项活动，灵活运用"子夜行动""凌晨出击""中秋雷霆"等执行手段，采取集中拘留、罚款、曝光一批，集中腾空、搬迁、交付一批，集中移送、公诉、打击一批，集中查控、拍卖、执结一批的方法，用两个多月的时间，对 900 起执行案件罚款 2017 万余元，对 4259 人采取拘留措施，向公安机关移送 944 人，判处拒执罪 158 人，自诉立案 409 人，判处拒执罪 64 人，实际执结案件 21000 件，实际执行到位金额 59 亿元，专项活动受到人民群众的赞誉。内蒙古法院开展"草原风暴"专项活动。2016 年 6 月 20 日，内蒙古自治区高级人民法院在全区范围组织开展了为期十天的"草原风暴"集中执行行动，效果显著。"草原风暴"期间累计执结案件 12025 件，执结标的额 22.8 亿元，判决拒执罪 2 人，依法拘留 1356 人次，罚款 50 人，罚款金额 59.68 万元，公布失信被执行人 3377 人次，一些被执行人迫于强大威慑主动履行义务，主动和解的案件明显增多。江苏法院强化线上与线下结合的常态化集中执行。重点针对涉民生、小标的、农村地区等发生在群众身边或信息化手段难以施展的案件，集中执行力量，强化运用搜查、拘传、拘留、罚款等手段，常年开展"现场执行""凌晨执行""假日执行"活动。2016 年以来，全省法院共开展各类集中执行活动 2784 次，总计出动执行人员 46414 人次。

五 经验启示

回顾 2016 年，人民法院的执行工作整体表现出良好态势，网络执行查控体系的建立和完善使得法院查人找物的能力大为提升；借助于相对完备的制度体系和统一的执行案件管理系统，执行权的运行更加规范；通过强化联合惩戒机制和建立社会诚信体系，逃避执行和规避执行的行为受到有效遏制。2016 年全国法院共受理执行案件 529.2 万件，执结 507.9 万件，同比分别上升 24.2% 和 33.7%，实际执行到位金额超过 1 万亿元。

（一）政治保障：党中央及各级党委的领导和重视

党的统一领导是我国特有的政治优势，基本解决执行难工作之所以能够在全国范围内顺利推进，离不开各级党委的领导和支持。只有充分发挥党委总揽全局、协调各方的领导核心作用，才能汇聚全社会力量，

58　国家智库报告

形成"党委领导、政法委协调、人大监督、政府支持、法院主办、部门配合、社会参与"的综合治理执行难工作大格局,凝聚解决执行难的强大合力,及时有效解决各种重大复杂问题。

从中央层面看,法院的执行工作一直受到中共中央的高度重视,中共中央早在 1999 年就曾转发了《中共最高人民法院党组关于解决人民法院"执行难"问题的报告》,中央政法委也先后下发《关于切实解决人民法院执行难问题的通知》《关于完善执行工作机制加强和改进执行工作的意见》,均提出要努力解决人民法院"执行难"问题。十八届四中全会明确提出"要切实解决执行难"。2016 年,中共中央办公厅、国务院办公厅联合印发《关于加快推进失信被执行人信用监督、警示和惩戒机制建设的意见》,这是继 1999 年之后中共中央再次对法院的执行问题做出部署,不仅有效推动了执行联动机制的发展和完善,还进一步凸显了执行工作的重要性,为全国法院的执行工作注入一支强心剂。

基本解决执行难目标提出之后,不少地方的党委将法院的执行工作作为全省区市关注的重点,有的地方还成立人民法院执行工作协调领导小组,并围绕解决执行难出台实施方案。例如,河北省委召开常委会专题研究推进基本解决执行难工作,并以省委办公厅、省政府办公厅名义转发河北省高级人民法院工作意见，把"基本解决执行难"列入重要工作日程；湖北省委政法委成立了全省"基本解决执行难"工作领导小组，同湖北省人民代表大会常务委员会分别出台解决执行难文件；北京市高级人民法院积极争取市委、市政府支持，北京市委办公厅、市政府办公厅于2016年9月30日向全市各部门印发《关于支持人民法院解决执行难　增强司法公信力的意见》。此外，上海、广东、江苏、山东、甘肃、安徽等十余省市由党委或人大出台了支持解决执行难的有关文件。

（二）法治引领：纳入地方法治整体框架

基本解决执行难是在全面推进依法治国的背景下提出的，法院执行工作的好坏是体现法治建设水平的重要方面，因此不少地方的法治建设领导小组将基本解决执行难纳入地方整体法治框架加以统筹推进。例如，河北省委将40家省直部门协调配合的工作任务、时限要求，纳入依法治省的目标考核内容，有助于在社会上切实形成工作合力；广西壮族自治区法治建设工作领导小组将基本解决执行难工作纳入其工作日程，以全体会议的形式审议通过了广西壮族自治区高级人民法院报送的《关于"基本解决执行难"工作的意见》，并印发至全区各市依法治市领导小组，以及区直、中直驻桂各单位、各高等院校普法依法治理领导小组。

（三）社会联动：形成攻克执行难的合力

法院在执行工作中承担主体责任，但是基本解决执行难是一项系统工程，需要全社会的关注和参与，建立社会联动机制，形成合力攻克执行难。一方面，执行流程的各个环节都需要相关单位的协助、配合、参与。从查人找物到财产控制、变现，再到执行款的发放，都离不开银行、公安、国土、房产、证券、工商、保险等单位的协助，以及评估公司、拍卖机构、网络交易平台以及社会公众的配合和参与。另一方面，对失信被执行人实施信用惩戒，也只有建立社会联动机制才能对失信被执行人进行"围追堵截"，使其四处碰壁、寸步难行。

（四）"互联网＋"：将信息化融入执行工作

在"互联网＋"时代，信息化与执行工作的深度融合，让执行工作更加高效、规范、透明、廉洁。信息化与执行工作深度融合主要体现为网络执行查控系统、执行管理系统的开发和应用，网络司法拍卖平台的发展和成熟，以及联合惩戒机制的建立。网络执行查控系统与相关部门建立强大的查控网络，最大范围内、最快速度地"查人找物"，部分法院还实现网上冻结、扣划，提高了执行效率；执行案件流程管理系统将执行案件纳入节点管理，确立执行行为标准，实现执行权力运行的规范化；建立终本案件管理系统，以有效防止终本案件的管理乱象，规范无财产可供执行案件的办理；借助电子商务的发展，推广司法网拍，压缩权力寻租空间，以实现阳光执行、廉洁执行；建立数据对接基础上的联合惩戒机制，对失信被执行人形成强有力的威慑，有助于建立和完善社会诚信体系。

六　困境与展望：未来执行工作的着力点

　　在党的领导和全社会的支持下，2016 年最高人民法院从制度和信息化两方面初步完成了基本解决执行难的顶层设计，地方法院进行了有效的执行创新探索，试点法院有序推进和不断深化执行体制改革，各项执行专项活动取得了不错的成效，但也暴露出执行工作中存在的短板：有关职能部门形成合力、共同综合治理执行难的常态化机制不够完善，运行不够顺畅；一些法院执行力度不够，不敢碰硬，有畏难厌战情绪，打击规避执行、抗拒执行手段措施不足，同时，对花样翻新的隐匿、转移财产问题缺乏足够的应对措施；网络化的执行查控体系对房产、地产以及金融、保险等理财产品未能实现查控；在失信被执行人联合信用惩戒方面，部门之间的制度对接不力，落实不到位；执行指挥中心统一管理、统一指挥、统一协调的功能未能有效发挥，统一执行办案平台节点管控未能完全落地；法院消极执行、拖延执行、选择执行及乱执行现象未能彻底消除，执行作风及形象与人民群众的期待仍然存在差距。另外，评估显示，即使借力信息技术，"案多人少"的矛盾依然构成执行工作发展的瓶颈，直接影响案件办理的规范程度。

（一）规范化管理亟待进一步加强

消极执行、选择性执行、乱执行等现象在一定程度上仍然存在，在有些地区还比较突出，人民群众反映强烈。网络执行查控系统虽然早已上线运行，但应用很不均衡，有的法院利用率很低。全国所有高级人民法院、大多数中级人民法院和部分基层人民法院均已建立执行指挥中心，但大多停留在视频会议、执行会商等少部分功能上，许多功能没有完全发挥作用。数据空白、不真实、不完整、不及时等现象也非常突出。这些都反映出人民法院执行管理工作存在不到位、不精细等问题。最高人民法院强化执行指挥中心的职能作用，打造一体化、数据化、信息化执行指挥中心管理平台，是实现执行工作统一管理、统一指挥、统一协调实实在在的平台和抓手，是执行工作的信息交换中心、指挥调度中心和决策分析中心。各级法院应尽快主动适应新的管理模式，强化执行指挥中心职能，发挥执行指挥中心在执行办案、监督管理、执行考核等工作中的主体作用。健全值班、日常运行、管理考核等制度，充分利用执行指挥中心对执行办案、接访、协调等工作进行管理和督办。特别是对人民群众反映强烈的消极执行、不规范执行等问题，执行指挥中心应指派专人每天检视，做到及时发现、随时督促，以信息化手段促进解决消极执行、不规范执行等问题。

（二）财产查控机制有待进一步完善

网络执行查控体系的建立健全在提高执行效率、实现执行工作模式的现代化方面发挥了重要作用。目前，网络执行查控体系还不能完全覆盖所有的财产形式，还需要进一步拓宽查封财产的范围，特别是对不动产的网络查控。当前，不动产仍是市场主体的主要财产形式，但不动产信息还没有实现全国联网，不能实现"总对总"网络对接，需要依靠地方法院与当地不动产管理部门的数据对接来解决不动产的网络查控问题。为此，最高人民法院与国土资源部已经联合下发了《最高人民法院国土资源部关于推进信息共享和网络执行查询机制建设的意见》，并要求直辖市、省会城市和 14 个沿海、旅游城市尽快实现不动产"点对总"的网络查控。截至目前，有 8 省 12 地的不动产查询系统已在测试中，还有十几个省尚未进入研发阶段，这项工作的推进难度较大，需要各级法院和不动产登记部门加强联动协作方能完成。要进一步完善对金融理财产品的网络查控。近些年，随着金融市场的不断完善和民众理财意识的不断增强，各类金融理财产品五花八门，逐渐成为重要的财产形式。最高人民法院和中国银监会出台了《最高人民法院、中国银行业监督管理委员会关于人民法院与银行业金融机构开展金融理财产品网络执行查控的意见》，要求加快推进金融理财产品的网络执行查控机制建设，但目前，仅有浙江等地法院实现了"点对点"网络查控金融理财产品，还未实现"总对总"网络执行查控系统对金融理财产品的查控，全国大部分法院还不能通过网络查控金融理财产品，需要加快工作进度。

传统财产调查手段的补充作用应进一步增强。根据《民事诉讼法》的规定，被执行人有义务进行财产申报，为保障该项制度的落实，《民事诉讼法》还进一步规定了制裁措施，即人民法院可以根据情节轻重对拒绝报告或者虚假报告的被执行人予以罚款、拘留。被执行人对自己的财产状况最为清楚，财产申报本应该成为提升执行效率最为有力的手段，然而实践中财产申报制度形同虚设，原因在于人民法院很少对拒不申报和申报不实进行惩戒。未来，针对被执行人隐匿财产等问题，最高人民法院应出台财产调查司法解释，强化被执行人依法及时申报财产的义务，加大对违反申报义务罚款、拘留等强制惩戒力度和纳入失信被执行人名单等信用惩戒力度，切实激活财产申报制度的效用。此外，相关司法解释等规定还应增加委托审计调查、委托律师调查、悬赏举报等新的财产调查手段，进一步增强传统调查形式的作用，与网络执行查控体系相互配合，形成线上线下强大合力，进一步规范和强化人民法院的财产查找，使被执行人的财产无处可藏匿。此外，网络执行查控系统能有效解决城镇等信息网络较为发达地区的财产查控，但在农村等偏远地区，由于信息网络不发达，网络查控系统很难发挥作用，需要继续采用人工查控财产的方式，加大人工查控力度。

（三）构建统一完备执行标准

2016 年，最高人民法院密集出台司法解释，规范执行的各个环节，但是执行行为规则比较分散，评估、拍卖等流程的时限缺乏清晰的标准，给司法执行人员的实务操作带来一定的不便和不确定性。未来，最高人民法院应结合执行工作的关键环节和重要节点，出台一整套以操作规程为核心的执行流程规范，明确执行人员的工作职责，划清权力边界。

此外，目前的法院考核制度将执行工作与审判工作一同考核，二者适用同样的指标体系，实践中，不少地方在年终考核中，用执行案件特别是终本案件"掺水"，导致既不能客观反映执行工作情况，也影响了审判工作考核的真实性，并造成整体上的数据失真。因此，建立针对执行工作的全国统一的单独考核机制刻不容缓，要坚持分类管理，积极探索符合执行工作特点的考核指标，如执行结案率、执行终结率、终结本次执行率、执行实际到位率、执行实际到位金额等指标，并根据不同的指标设定科学权重，充分发挥执行考核体系的导向作用。

（四）提升信息平台的友好性

全国法院失信被执行人名单信息查询平台存在更新滞后、操作繁琐、时常宕机等问题。例如，平台以滚动的方式公示失信被执行人的姓名（名称）、证件号码，滚动信息条无法点击打开，公众既不知道每条失信信息的具体情况，也无法知晓失信被执行人的数量和地域分布情况。未来应进一步提升执行平台的友好性，分页公布失信被执行人的名单，提供检索服务，还要进一步细化分类，对特殊身份的失信被执行人进行标识。2016 年，中共中央办公厅、国务院办公厅在《关于加快推进失信被执行人信用监督、警示和惩戒机制建设的意见》中明确提出，在职公务员或事业单位工作人员被确定为失信被执行人的，失信情况应作为其评先、评优、晋职晋级的参考。为了强化对公职人员和公权力的监督，"全国法院失信被执行人名单信息公布与查询"平台可以将公职人员和公法人作为失信被执行人的情况单列。

（五）对接数据共建社会诚信

在互联网思维的引导下，执行数据应该实现最大程度共享，然而实践中信息壁垒、数据鸿沟现象仍不同程度地存在。执行领域中的信息不对接表现为：不同地域、不同层级的法院的执行数据共享存在困难；以网络执行查控和联合惩戒为主要内容的执行联动机制存在法院系统与其他部门之间的信息没有完全对接的情况；社会信用信息与被执行人名单信息之间未能做到无缝对接，如中国人民银行征信中心未与最高人民法院的失信被执行人名单联网。未来应推进部门信息共享，建立全社会房产、信用等基础数据统一平台；要探索实现"全国企业破产重整案件信息网"与人民法院执行信息系统、工商管理机关国家企业信用信息公示系统等有效对接，实现企业信息互通和资源共享。

（六）建立和完善失信追责常态机制

强制性是法院执行的最大特点。强制性不仅表现在法院可以依法对被执行人的财产进行查控、采取强制措施，还包括依法对失信被执行人罚款、拘留乃至追究刑事责任。实践中，执行的强制性不足主要表现在罚款、拘留和拒执罪的适用率非常低，有的执行局领导不敢担当，执行无力度，全局每年罚款、拘留人数屈指可数，拒执罪甚至成为《刑法》中适用率最低的条款之一。执行制裁措施使用率低有观念上的原因，当事人和有关部门未认识到拒不执行生效法律文书是破坏法治的严重违法行为；也有部门之间衔接不畅的原因，公、检、法，甚至法院的刑事审判庭和执行局之间由于证据认定标准认识不同和其他法外的原因最终难以成功追究失信被执行人的刑事责任。虽然2015年最高人民法院联合最高人民检察院、公安部在全国范围内开展集中打击拒执罪专项行动，但专项行动的效果是暂时的、阶段性的。2015年7月，为了适应打击拒不执行判决、裁定犯罪的需要，最高人民法院出台《最高人民法院关于审理拒不执行判决、裁定刑事案件适用法律若干问题的解释》，将拒执罪的追诉由以往的单一公诉模式改为公诉、自诉并行模式，明确了"其他有能力执行而拒不执行，情节严重"入罪要件的具体情形，为推动打击拒执罪在法治化轨道上更加便捷高效地开展提供了制度支撑。从各地情况看，不少法院对自诉机制并不重视，未来应进一步畅通打击拒执罪的办案程序，加大推动力度，建立执行惩戒的常态化机制，真正发挥对失信被执行人的威慑作用。

对失信被执行人的惩戒，除了强制制裁甚至刑事追责外，还应进一步完善信用惩戒机制。《关于加快推进失信被执行人信用监督、警示和惩戒机制建设的意见》提出，建立健全联合惩戒机制，以系统化、信息化、技术化手段，确定了11类100多项具体措施，但这些惩戒措施的出台距离真正落地，还有一段距离。未来关键是要推动相关惩戒单位将失信被执行人名单信息嵌入惩戒单位的管理、审批、工作系统中，实现在管理、审批、工作程序中，对失信被执行人名单信息进行自动比对、自动拦截、自动监督、自动惩戒。联合信用惩戒的真正落实，有待各级法院的努力，更有待各联合惩戒单位的积极作为。因此，需要建立联合惩戒的常态化工作机制，从中央到地方都应指定专门的工作机构和人员负责此项工作，需要党委、政府的大力支持、积极推进。

（七）进一步加强执行队伍建设

基本解决执行难，关键在执行队伍。没有一支高素质的执行队伍，各项工作机制和先进手段将难以发挥效用，基本解决执行难将无从谈起。要保证队伍的力量。各级法院应按照中央文件规定的执行人员不少于全体干警编制总数 15% 的比例要求，加强执行干警配备，优化执行队伍结构，让综合素质较强的人员进入执行队伍，切实保障执行力量。在员额制改革推进中，要杜绝执行机构不设法官员额或员额比例低于审判庭的做法，确保执行队伍中足够的员额法官。要提高队伍的能力。近年来，为基本解决执行难，司法解释密集出台，信息技术深度应用，需要学习的知识内容很多、更新很快。各级法院应注重执行干警专业能力的培养，抓好教育培训工作，切实提高队伍的法律适用能力和信息技术应用能力。要改良队伍的作风。去年以来，各级法院执行工作取得显著成效，但个别法院、个别干警还存在消极执行、拖延执行、乱执行等行为，甚至出现违法违纪事件，损害了执行队伍声誉，影响到人民群众对司法的信任和信赖。2017 年，应针对这方面开展专项整治活动，上级法院应组织执行部门和监察部门联合开展专项巡查活动，通过明察暗访等各种方式，及时发现和查纠在少数干警中存在的"冷硬横推""吃拿卡要"等衙门作风，及时发现和处理执行不廉、执行不规范等问题，真正建设一支过硬的执行队伍。

最高人民法院关于落实
"用两到三年时间基本解决执行难
问题"的工作纲要

最高人民法院印发《关于落实
"用两到三年时间基本解决执行难
问题"的工作纲要》的通知

（法发〔2016〕10号）

各省、自治区、直辖市高级人民法院，解放军军事法院，新疆维吾尔自治区高级人民法院生产建设兵团分院：

"用两到三年时间基本解决执行难问题"，是最高人民法院经过认真研判和广泛征求意见后作出的重大决策部署，是当前和今后一段时期人民法院工作的重中之重。为实现基本解决执行难总体目标，全面强

化各项执行工作，最高人民法院制定了《关于落实
"用两到三年时间基本解决执行难问题"的工作纲
要》，对基本解决执行难的总体思路、主要任务及组
织保障提出了明确、具体要求。

现将《关于落实"用两到三年时间基本解决执
行难问题"的工作纲要》印发给你们，请结合实际
认真贯彻执行。执行中发现情况和问题请及时报告最
高人民法院。

最高人民法院

2016 年 4 月 29 日

关于落实"用两到三年时间基本解决
执行难问题"的工作纲要

2016 年 3 月 13 日，周强院长在十二届全国人大四次会议上报告最高人民法院工作时庄严承诺："用两到三年时间基本解决执行难问题"，这是人民法院满足人民群众日益增长的多元司法需求、提升司法公信力的内在要求，是人民法院为实现全面建成小康社会和"四个全面"战略布局目标提供有力司法保障的应有之义，是对人民法院执行工作的极大鞭策和鼓舞。各级人民法院要牢固树立政治意识、大局意识、为民意识，切实增强使命感、责任感和紧迫感，求真务实、锐意进取，勇于担当、奋发有为，全力推进各项执行工作健康快速发展，确保在两到三年期限内完成基本解决执行难目标任务，切实"让人民群众在每一个司法案件中感受到公平正义"。

（一）基本解决执行难的总体目标与评价体系

1. 总体目标

全面推进执行体制、执行机制、执行模式改革，加强正规化、专业化、职业化执行队伍建设，建立健全信息化执行查控体系、执行管理体系、执行指挥体系及执行信用惩戒体系，不断完善执行规范体系及各种配套措施，破解执行难题，补齐执行短板，在两到三年内实现以下目标：被执行人规避执行、抗拒执行和外界干预执行现象基本得到遏制；人民法院消极执行、选择性执行、乱执行的情形基本消除；无财产可供执行案件终结本次执行的程序标准和实质标准把握不严、恢复执行等相关配套机制应用不畅的问题基本解决；有财产可供执行案件在法定期限内基本执行完毕，人民群众对执行工作的满意度显著提升，人民法院执行权威有效树立，司法公信力进一步增强。

2. **评价体系**

引入第三方评估机构研究制定基本解决执行难的评价体系，确定两到三年内解决执行难的具体目标及指标体系，广泛征求意见后向社会公开发布。两到三年期限届满前由该第三方评估机构及参与单位按照既定的评价体系进行效果评估，向社会发布评估结果。

（二）基本解决执行难应坚持的原则

基本解决执行难，要把握新时期执行工作基本规律，坚持问题导向，秉持发展理念，系统设计、整体布局、突出重点、多措并举。

（1）坚持党的领导，确保正确方向。要始终坚持和依靠党的领导，积极主动向党委汇报解决执行难的各项工作部署，充分发挥党委总揽全局、协调各方的领导核心作用，帮助解决工作推进中的重大问题。同时也要充分发挥主观能动性，开拓进取，积极作为，按照总体要求和部署坚持不懈狠抓落实。

（2）加强顶层设计，鼓励改革创新。最高人民法院要立足中国国情，科学谋划解决执行难的顶层设计。作为有益补充，各地法院要紧紧围绕提高执行工作效率、增强司法公信力目标，在执行理念、执行方式、执行管理等方面勇于探索、大胆创新，不断积累解决执行难的实践经验。

（3）实行整体推进，强调重点突破。解决执行难涉及方方面面的工作，必须整体布局、有序推进，同时也要突出重点，集中精力破解影响整体工作推进的瓶颈和障碍，确保各项工作部署顺利进行。

（4）坚持标本兼治，注重长远发展。破解执行难是一项系统工程，需多措并举、标本兼治。既要立足现实，着力解决当前工作推进中的突出问题；也要着眼长远，从影响执行难的全局性问题入手，积极推动社会诚信体系建设和破产、保险、救助等制度完善，谋划解决执行难的长效治本之策。

（三）基本解决执行难的主要任务

基本解决执行难，要坚持以信息化建设为抓手，着力强化执行规范化建设和专业化建设，切实完善执行体制机制，努力实现执行工作各个领域的深刻变革。

1. 实现执行模式改革

全力推进执行信息化进程，联合惩戒失信被执行人，畅通被执行人及其财产发现渠道，基本改变"登门临柜"查人找物的传统模式，真正破解查人找物传统执行难题。

（1）实现网络执行查控系统全覆盖。建成以最高人民法院"总对总"网络执行查控系统为核心、以地方各级法院"点对点"网络执行查控系统为补充、覆盖全国地域存款及其他金融产品、车辆、证券、股权、房地产等主要财产形式的网络化、自动化执行查控体系，实现全国四级法院互联互通、全面应用，所有负责办理执行实施案件的执行人员均能熟练使用系统，快速查找、控制所承办案件的被执行人及其财产。

（2）强力惩戒失信被执行人。贯彻落实党中央关于加强社会诚信建设的战略部署，制定出台关于加快建立失信被执行人信用监督、威慑和惩戒机制的意见，不断拓展对失信被执行人联合信用惩戒的范围和深度。确保最高人民法院、国家发改委等44家单位达成的联合惩戒合作协议落地生根，形成多部门、多行业、多领域、多手段联合信用惩戒工作新常态，让失信被执行人寸步难行、无处逃遁，迫使其自动履行法定义务。

（3）拓宽被执行财产发现渠道。严格落实被执行人财产申报制度，对拒不申报或申报不实的被执行人依法进行制裁；探索、推行委托审计调查、委托律师调查、悬赏举报等制度，最大限度发现被执行人财产。

2. 实现执行体制改革

要按照党的十八届四中全会确定的"完善司法管理体制，推动实行审判权和执行权相分离的体制改革试点"要求，蹄疾步稳推进执行体制改革，让改革成果更多惠及执行当事人，促进解决执行难。

（4）实行执行权和审判权科学合理分离。进一步优化执行权的科学配置，设立执行裁判庭，审理执行程序中涉及实体权利的重大事实和法律争议，形成审判权对执行权的有效制约和监督。

（5）强化执行工作统一管理体制。依托执行指挥系统，强化全国四级法院统一管理、统一指挥、统一协调的执行工作管理体制，规范指定执行、提级执行、异地交叉执行的提起和审批程序，提高执行实施效率。

（6）探索改革基层法院执行机构设置。采取两种模式进行试点：一是中级人民法院打破行政区划设立执行分局、负责执行实施原基层人民法院的执行案件；二是强化中级人民法院执行局对基层人民法院执行人员、实施案件、执行装备的统一管理、调度和指挥职能，在破除地方保护主义、提高执行工作效率方面进行探索。

3. 实现执行管理改革

要以全国法院执行案件信息管理系统为依托，强化对执行程序各个环节的监督制约，严格规范执行行为，切实提高执行效率，努力增强司法公信力。

（7）全面运行案件流程信息管理系统。建立全国四级法院一体化的执行案件办案平台、案件节点管理系统，强化节点管控，自动生成、公开相关流程信息，形成执行法院、上级法院、当事人对执行案件多位一体的监督功能，堵塞廉政漏洞，有效解决消极执行、拖延执行、选择执行、乱执行等失范执行、违法执行问题。

（8）开展执行案款专项清理活动。在全国法院部署开展执行案款专项清理，集中解决执行案款管理中的历史遗留问题。通过清理活动建章立制，制定出台执行案款管理办法，全面实现执行款物的信息化管理，确保对执行案款的流转与发放透明高效，全程留痕、全程公开。

（9）推动建立执行救助制度。积极推动普遍建立执行救助制度，结合执行案款清理工作，研究扩充救助资金来源，充分体现国家和社会对弱势群体的人文关怀，彰显人民法院司法为民的核心宗旨。

4. 实现财产处置改革

要针对当前经济增速放缓、经济下行压力加大的形势，树立互联网思维，加大被执行财产的处置力度，及时、有效兑现债权人权益。

（10）推行网络司法评估管理。对拟处置的被执行人财产，通过网络平台进行流程管理，自动筛选评估机构，按照预设的程序进行价值评估，避免暗箱操作、低值高估、高值低估等侵害执行当事人权益现象，斩断利益输送链条，为后续拍卖工作奠定基础。

（11）推广网络司法拍卖。广泛推动各地法院以网络司法拍卖方式处置被执行财产，从源头上减少和杜绝串通压价、恶意竞买等有损公平公正的现象，祛除权力寻租空间，实现当事人利益最大化。

5. 完善执行工作机制

要在人民法院内部深挖潜力，理顺各种关系，完善相关工作衔接机制，努力提高执行工作效率。

（12）建立无财产可供执行案件退出和恢复执行机制。建立健全无财产可供执行案件终结本次执行程序的实质标准和程序标准；终结本次执行程序后，在一定年限内继续对被执行人采取限制高消费及有关消费的跟进措施；被执行人恢复履行能力后，执行法院依职权或依当事人申请启动恢复执行程序；全国法院执行案件流程信息管理系统设置专门数据库集中管理无财产可供执行案件，实现退出和恢复执行程序自动衔接。

（13）完善保全和先予执行协调配合机制。在立案阶段强化执行风险告知和保全、先予执行申请提示，支持、鼓励财产保全保险担保，做好保全申请与执行查控系统的有序衔接，提高保全债务人财产的及时性、有效性，以保全促调解、促和解、促执行，从源头上减少进入执行程序的案件数量，降低申请执行人权利落空的风险。

（14）建立和完善行为执行机制。加强对要求被执行人履行作为或不作为义务强制执行的专题研究，有针对性地解决实践中对行为履行义务的强制执行难题，出台相关指导意见。

（15）建立执行与破产有序衔接机制。将被执行人中大量资不抵债、符合破产条件的"僵尸企业"依法转入破产程序，充分发挥破产法律制度消化执行积案、缓解执行难的功能，促进市场经济按照规律健康有序发展。

（16）完善异地执行协作机制。树立全国执行一盘棋的理念，总结推广各地法院之间开展异地执行协作的经验，修改完善委托执行规定，以执行事项委托为主，建立全国统一的协作协助执行工作机制。

（17）建立繁简分流办案机制。根据执行案件财产查找、争议解决、拍卖处置等环节的难易程度，结合执行人员的个人专长，建立和完善案件分配、人员组合机制，最大限度发挥执行人员个人优势和人民法院集体优势。

（18）完善执行纠错机制。建立执行与赔偿的联动对接机制，对国家赔偿审理中发现的应当由执行监督程序解决的案件，及时进行审查纠正；完善执行回转案件的执行机制，确保原执行依据被撤销后当事人依法享有的执行回转权利能够得到及时行使，最大限度减少当事人因裁判错误受到的损失。

6. 完善执行规范体系

要针对执行工作实践中执法办案的法律适用难题，着力解决执行中因法律资源不足、法律空白点多、法律规定不明确、缺乏可操作性导致的执行人员规范意识淡薄、执行行为失范等现象，及时制定出台相关司法解释、规范性文件、指导意见，形成比较完善的执行工作司法解释规范体系。

（19）及时出台单行司法解释或指导性意见。出台变更追加执行主体、财产申报和财产调查、财产保全、网络司法拍卖、执行和解、仲裁裁决执行、公证债权文书执行、参与分配、股权执行等系列单行司法解释或指导性意见。

（20）全面梳理司法解释体系。对现行执行司法解释进行系统梳理，消除矛盾冲突，填补规则漏洞，提高司法解释的系统性。

（21）推动强制执行单独立法进程。配合立法机关深入开展强制执行法调研起草工作，形成比较完善的草案稿，提交立法机关审议，推动强制执行法尽快出台。

7. 完善执行监督体系

要健全和强化执行监督体系，从内到外、从上至下全方位加强对执行工作的监督制约，确保执行权高效、廉洁、有序运行。

（22）加强法院内部监督。最高人民法院要充分运用执行综治考核办法、执行工作约谈办法两个规范性文件，切实加强和改进执行监督工作。上级法院要适时成立督查组，对下级法院应用执行案件流程信息管理系统、清理执行案款、办理重点督办案件等方面的落实情况，进行全面督查指导，发现问题及时问责。

（23）主动接受人大监督。定期或不定期向各级人大报告执行工作，邀请人大代表到法院视察，及时办理代表议案和质询，主动接受监督。

（24）依法接受检察监督。与检察机关联合出台规范民事执行活动法律监督的规定，主动邀请检察机关对具有重大影响以及群体性、敏感性的执行案件，被执行人为特殊主体或因不当干预难以执行的案件，被执行人以暴力或其他方式抗拒执行的案件等进行监督，改善执行环境，维护当事人的合法权益。

（25）广泛接受社会监督。全力打造中国执行信息公开网，将执行案件流程信息、失信被执行人名单信息、执行裁判文书等及时向社会公开，保障当事人和社会公众对执行案件及执行工作的知情权、监督权，让执行权在阳光下运行。

8. 完善专项治理机制

要针对严重制约和影响执行质效的突出问题，持续深入开展反消极执行、反规避执行、反抗拒执行等整治行动，将专项治理要求转变为长期性、常态化工作机制。

（26）建立反消极执行长效机制。利用案件流程信息管理系统对消极执行现象进行自动筛查，发现问题及时予以警示、督促，经警示后在一定期限内仍消极不作为的，视情节轻重追究有关人员的责任。

（27）建立特别案件执行长效机制。继续深化涉党政机关执行积案清理专项活动，通过联合通报机制督促自动履行，推动将特殊主体的债务纳入预算管理，形成破解涉党政机关执行积案的合力与机制；建立涉民生案件执行常态化、随时性、优先性机制，将功夫用在平时，逐步改变每逢年节要靠组织开展集中清理活动突击解决问题的状况。

（28）建立反规避执行长效机制。持续深入开展反规避执行整治行动，提高查处规避执行行为的司法能力，完善相关协调配合工作机制，加大依法制裁力度，全面压缩规避执行行为的存在空间。

（29）建立反抗拒执行长效机制。依法加大对抗拒执行、阻碍执行甚至暴力抗法行为的惩治力度。执行过程中及时收集、固定被执行人或相关人员抗拒执行的音视频证据，充分利用罚款、拘留强制措施，以及公诉、自诉两种渠道追究拒不执行判决、裁定罪责任等手段进行依法制裁，定期公布典型案例，形成打击抗拒执行违法犯罪的高压态势。

（四） 基本解决执行难的组织保障

基本解决执行难，任务艰巨、责任重大、时间紧迫，要切实做好相关组织保障工作，确保各项安排部署有计划、按步骤顺利推进，达到预期目标。

1. 加强组织领导工作

（1）强化组织领导。各级人民法院党组要高度重视、切实加强对解决执行难工作的组织领导，要将解决执行难工作作为"一把手工程"来抓，各级法院党组书记、院长作为第一责任人要亲自过问、亲自部署、亲自协调，集中各方力量，确保抓出成效。

2. 加强执行队伍建设

要努力建设一支专业化、职业化、清正廉明的执行队伍，为基本解决执行难提供强有力的人力支撑。

（2）加强力量配备。认真落实《中共中央关于转发〈中共最高人民法院党组关于解决人民法院"执行难"问题的报告〉的通知》（中发〔1999〕11号）要求，合理确定和配备从事执行工作的人员比例，并确保执行人员具备必要的政治素质、专业素质和任职资格，对不具备相应任职资格的现有人员进行调整，严格杜绝将不具备任职资格的人员安排到执行工作岗位。

（3）推行人员分类管理。在法官员额制改革中对执行部门原具备法官资格的人员要与其他业务部门同等对待；执行局及执行裁判庭的法官员额比例总体不低于其他业务部门；积极推动现有执行人员的分类管理改革，在执行机构配备法官以及法官助理、司法警察等司法辅助人员，分别落实相应待遇，分工负责行使执行权。

（4）强化教育培训。始终以加强思想政治工作为核心，增强广大执行干警的政治意识、大局意识、责任意识、核心意识、看齐意识，确保执行工作方向正确；以强化党风廉政建设为关键，坚决整治执行队伍在纪律作风方面存在的突出问题，确保廉洁司法；以提升业务素养为重点，鼓励和保障广大执行干警钻研执行业务、优化知识结构、强化实践锻炼，确保执行队伍的司法能力。

3. 强化物质装备建设

要进一步落实科技强院的工作方针，强化对执行工作的物质装备建设，抓好技术、经费、设备三大保障。

（5）全面完成执行指挥系统建设。坚持高标准、高起点，全面完成执行指挥系统的软硬件建设，实现全国四级法院执行指挥系统音视频互联互通。

（6）加强执行队伍装备建设。为执行机构配备必要的执法车辆、通信系统，给每一位从事执行实施工作的人员配备单兵执法仪以及其他必要的物质装备，加强执行人员人身安全保障，确保应急处置工作及时到位。

4. 切实加大宣传力度

要充分认识新闻宣传工作的重要性，充分利用各种新闻平台，加大执行工作宣传力度，凝聚全社会理解执行、尊重执行、协助执行的广泛共识，推动形成良好的法治环境。

（7）不断宣传执行工作新成效。通过多种形式在报纸、广播、电视、新媒体、户外广场、社区等平台或场所，全面展示一定时期内执行工作取得的成效，扩大影响。讲究宣传策略，重点选择正反两方面典型案例进行宣传报道，惩戒失信，褒奖诚信，营造形成守法光荣、违法可耻的社会氛围，促进社会诚信体系建设。

（8）宣传对执行难的理性认识。通过大力宣传，让人民群众深刻认识到，被执行人无财产可供执行、丧失履行能力的案件虽然在形式上表现为生效法律文书确定的权利义务未能最终实现，但其本质上属于当事人应当自己承担的商业风险、交易风险或法律风险，不属于应由人民法院解决的执行难。

人民法院基本解决执行难
第三方评估指标说明

序　　言

2016 年 3 月，最高人民法院在十二届全国人大四次会议上庄严宣布，"要用两到三年时间基本解决执行难问题"。为了客观评估人民法院基本解决执行难工作的力度和成效，最高人民法院决定引入第三方评估机制，由中国社会科学院牵头，中国社会科学院法学研究所承担，参与单位包括中国法学会、中华全国律师协会、中国人民大学诉讼制度与司法改革研究中心，以及人民日报社、新华社、中央电视台等 13 家新闻媒体，并邀请 15 位知名学者作为特聘专家。具体评估工作由中国社会科学院国家法治指数研究中心、法学研究所法治指数创新工程项目组负责。

课题组在前期广泛调研的基础上，拟定了分别适用于最高人民法院、高级人民法院、中级人民法院和基层人民法院四套基本解决执行难评估指标体系。为进一步完善指标体系，课题组先后展开了四次集中论证会，分别邀请学者、律师、法官和媒体对指标体系提出修改意见和建议。为了让社会更加全面、准确认识和理解指标体系，现从指标体系的制定背景、设定原则、具体指标、数据来源及相关问题廓清五个方面对指标体系做如下说明。

一 指标体系的制定背景

执行难问题长期存在，成为制约人民法院工作发展的瓶颈问题。自 1999 年以来，党中央和中央政法委高度重视执行工作，多次专门部署解决执行难问题，但因为社会诚信度不高、信用体系不健全、执行手段匮乏等原因，虽然取得了一定成效，但该问题始终未得到有效解决。

十八大以来，全面依法治国深入推进，国家信息化建设飞速发展，党的十八届四中全会明确提出要"切实解决执行难"，依法保障胜诉当事人及时实现权益。人民法院在党委领导、人大监督、政府和社会各界支持下，紧紧围绕"让人民群众在每一个司法案件中感受到公平正义"的目标，以执行工作信息化建设为抓手，全面强化各项执行措施，创新执行模式，完善执行机制，执行工作取得了跨越式发展，探索出了破解执行难的有效路径，极大地增强了破解执行难的信心，人民群众、社会各界对解决执行难充满希望和期待。

为贯彻落实中央重大决策部署，切实回应人民群众重大关切，最高人民法院在十二届全国人大四次会议上提出要在两到三年时间内基本解决执行难问题，并出台了《关于落实"用两到三年时间基本解决执行难问题"的工作纲要》（以下简称《工作纲要》）。《工作纲要》对执行工作进行系统部署，明确了基本解决执行难的工作目标，即"四个基本"：（1）被执行人规避执行、抗拒执行和外界干预执行现象基本得到遏制；（2）人民法院消极执行、选择性执行、乱执行的情形基本消除；（3）无财产可供执行案件终结本次执行的程序标准和实质标准把握不严、恢复执行等相关配套机制应用不畅的问题基本解决；（4）有财产可供执行案件在法定期限内基本执行完毕。《工作纲要》还提出了基本解决执行难要实现执行模式改革、执行体制改革、执行管理改革、财产处置改革和完善执行工作机制、执行规范体系、执行监督体系、专项治理机制八个方面的主要任务。

执行难能否得到基本解决，除了执行工作本身外，评估验收工作也是一个关键。鉴于过去执行工作业绩考核以执行结案率为主要考核指标，且存在数值虚高，难以如实反映执行工作、有损司法公信力的问题，最高人民法院一方面加强执行工作管理，通过完善终结本次执行程序的认定管理等方式，进一步加强制度构建，促进执行工作数据的去伪存真；另一方面，希望引入第三方评估机构，设计系统理性的指标体系，客观、科学地对执行工作进行评价。

课题组认为《工作纲要》确定的四个工作目标和八项主要任务覆盖了执行工作的主要方面，是执行难能否基本解决的关键所在，因此，有必要针对这些内容，尤其是四个工作目标，结合评估工作的可操作性、可行性、科学性等要求，分别设置相应的评估指标。例如，针对第一个工作目标，因涉及外部执法环境，难以实现结果量化考核，但可以对人民法院发布拒执罪典型案例、加大宣传、争取地方支持等在优化外部执法环境方面所作的努力进行间接评估；针对第二个目标，需要就财产调查、控制、评估、拍卖、款物发放等各个执行环节的时间期限设置评估指标，对执行行为的撤改、执行人员违法违纪和国家赔偿情况予以量化评估；针对第三个目标，需要针对终结本次执行程序案件从认定、告知到裁定、事后管理等各个环节进行系统评估；针对第四个目标，需要设置实际执结率、个案的执行到位率、执限内结案率等评估指标。

二　指标体系设定的基本原则

"基本解决执行难"第三方评估指标体系的设计秉承依法设定、客观中立、突出重点、过程与结果并重四项基本原则。

（一）依法设定

"基本解决执行难"第三方评估指标体系严格依据法律、法规、司法解释以及相关文件进行设定，包括《中华人民共和国民事诉讼法》《最高人民法院关于落实"用两到三年时间基本解决执行难问题"的工作纲要》以及最高人民法院关于法院执行工作的司法解释、指导性文件等。

（二）客观中立

作为第三方评估，指标体系的设定秉持客观、中立的原则，既不能简单根据当事人和社会公众的主观满意度判断是否已基本解决执行难，也不能迁就和迎合法院的执行工作现状。"基本解决执行难"第三方评估指标体系在设定时，尽量将"好"与"坏"这样主观性、随意性极强的判断标准转化为客观且具备操作性的评估指标，着眼于法院工作人员在办理执行案件时是否"应为尽为"，执行的工作流程是否规范、透明。指标体系一旦确定，评估人员对评估事项仅可做"有"和"无"的判断，而不能凭主观判断"好"与"坏"，最大限度地压缩评估人员的自由裁量空间。

（三）突出重点

执行工作是一个非常细致、繁琐的工作，涉及的流程节点众多，指标体系的设定要全面反映法院的执行工作，但不可能涵盖和穷尽每一个细节，要突出重点，抓住影响执行效果的要害和关键环节。为此，"基本解决执行难"第三方评估指标体系的重点放在了法院查物找人、财产处分、案款发放、执行联动，以及解决执行难的人、财、物的保障等方面，并对执行工作中问题最为集中的终结本次执行程序这一结案方式设计了详细严格的指标。

（四）过程与结果并重

"基本解决执行难"第三方评估指标体系的设定坚持过程与结果并重的原则，对执行过程和执行结果进行全面评估，真实反映法院的执行工作，凸显法院在执行工作中义务和责任，通过规范执行行为、减少不作为，以加大执行力度、提升执行质效，最终实现"基本解决执行难"的目标。

三 指标体系的基本内容

各级法院在执行工作中的角色、地位不同，职能各有侧重，因此，课题组分别针对四级人民法院设定了四套"基本解决执行难"第三方评估指标体系：最高人民法院和高级人民法院的指标体系均涵盖制度建设、执行联动、监督管理和执行保障四个一级指标，权重有所区别；中级人民法院指标体系包括规范执行、阳光执行、执行质效、监督管理和执行保障五个一级指标；与中级人民法院相比，基层人民法院指标体系少了监督管理指标。

（一）最高人民法院及高级人民法院指标体系

由于最高人民法院和高级人民法院的指标体系较为相似，这里一并介绍。

1. 制度建设

最高人民法院的制度建设指标主要考察最高人民法院是否建立较为完善的执行制度体系，包括推动强制执行立法的情况、制定单行司法解释和指导性意见的情况以及建立指导性案例制度的情况。对于高级人民法院而言，该部分指标主要强调三个方面：一是对最高人民法院出台的制度进行细化；二是对辖区内法院的执行工作制定管理文件；三是调研指导，包括解答疑难问题以及针对专项问题进行调查研究。

2. 执行联动

执行联动包括网络执行查控系统和联合惩戒两个方面。最高人民法院的网络执行查控系统指标主要评估最高人民法院"总对总"执行网络查控系统的完备度，例如联网了多少金融机构，能否实现网上冻结和扣划银行存款，以及能否与相关部门的数据对接进行联网查询。最高人民法院的联合惩戒指标主要评估最高人民法院通过与相关部门协助实现对失信被执行人的惩戒，如与工商、金融、公安、交通等部门联网限制被执行人乘坐特定交通工具、限制住星级宾馆、限制出境、限制招投标、限制融资、限制购买商业保险等。联合惩戒还包括实现对被执行人的受益行为实行失信一票否决制。高级人民法院的执行联动对于最高人民法院而言主要起补充作用。

3. 监督管理

监督管理主要考察上级法院对下级法院的监督指导工作，包括监督案件、事项的办理、信访申诉、督查等，其中，督查主要指对下级法院应用执行案件流程信息管理系统的情况，执行案款管理、终本案件管理、委托事项管理等情况，办理重点督办案件的情况，进行督查以及开展执行工作约谈的情况。

廉政是社会关注的焦点问题，直接影响人民群众的获得感和司法权威，本部分单独设置了廉政监督指标，用于考察本级法院的廉政情况。廉政监督指标具体分为廉政情况投诉率、执行人员受到党纪政纪处分情况、执行人员被追究刑事责任情况等指标。

4. 执行保障

最高人民法院的执行保障指标包括执行指挥中心和人员配备两个方面。执行指挥中心重点考察案件节点管理、终本案件管理、委托执行管理、决策分析、远程指挥等功能。人员配置指标强调执行人员配备要达标、警务保障要充足，优化执行人员结构，强化执行人员的日常业务培训。高级人民法院的执行保障除了评估执行指挥中心和人员保障之外，还评估执行大格局、执行救助和执行宣传等指标。

（二）中级人民法院及基层人民法院指标体系

中级人民法院与基层人民法院都办理执行实施类案件，因此两者的指标体系相似，在规范执行、阳光执行、执行质效和执行保障四个一级指标上是重合的，不同之处在于中级人民法院比基层人民法院多了一个监督管理一级指标。

1. 规范执行

规范执行指标主要考察法院在办理执行案件过程中是否遵循了相应的执行程序。"规范执行"包括财产保全、财产申报、财产调查、财产控制、财产评估、财产拍卖、执行款发放、委托执行、终本结案等事项的规范性,其中对当事人告知事项虽然属于"规范执行"的内容,但是作为对当事人知情权的保障放在"阳光执行"指标中加以设定。

(1) 财产保全

财产保全作为连接审判与执行的重要环节,最高人民法院出台了关于办理财产保全案件的司法解释。课题组围绕财产保全设计了财产保全保险担保机制、担保比例、保全申请与财产查控系统的衔接、保全裁定执行的及时性四个三级指标。

(2) 财产申报

财产申报是《民事诉讼法》规定的被执行人的一项义务,实践中,被执行人往往拒不申报或者申报不实,对此,《民事诉讼法》第241条规定,人民法院可以根据情节轻重对拒绝报告或者虚假报告的被执行人予以罚款、拘留。为了充分发挥被执行人财产申报制度的效能,课题组设计了法院是否依法发布申报令以及对于拒不申报或申报不实的是否进行法律制裁两个三级指标。

（3）财产调查

财产调查下设两个三级指标，主要考察法院查询财产的及时性和对被执行人提供的财产线索进行核实的情况。财产查询的及时性主要考察执行立案之日起多长时间内启动财产查询。实践中，有些地方法院在执行立案时便通过财产查控系统对被执行人的财产进行了查询，执行人员在拿到执行案件的同时即拿到了财产查询结果，提高了执行效率。

（4）财产控制

对于查询到的财产，如果不及时查封、冻结、扣押，将可能发生财产转移的情况，因此，为了督促执行人员及时启动相应的执行措施，避免消极执行或拖延执行，课题组设定了及时查封、冻结、扣押财产的指标，除了某些金融机构实现查询冻结一体化之外，考察执行人员是否在合理的时间内对查询到的财产启动查封、冻结、扣押等执行措施。

（5）财产评估

财产评估是进行财产处置的一道前置程序。为了督促法院及时启动委托评估程序、及时向当事人发送评估报告，课题组设置了有关期限的标准，要求在合理期限内启动评估程序和发送评估报告。

（6）财产拍卖

为了督促法院及时启动拍卖程序，优化拍卖机制，课题组在财产拍卖环节设计拍卖及时性指标。对于符合拍卖条件的，法院应该在合理期限内启动拍卖程序。

（7）执行款发放

法院执行款发放工作比较混乱，最高人民法院启动专项整治行动，在全国推行一案一账号的活动。课题组在执行款发放指标中设计两个指标，即一案一账号和执行款发放的及时性，其中执行款发放及时性考察执行款是否在收取一个月内进行了发放，如不能及时发放，应说明理由并经领导审批。

（8）委托执行

委托执行在执行实践中落实较差，许多法院接到委托执行事项后怠于执行，不进行反馈，甚至原封不动退回。指标要求法院应向委托法院反馈委托事项的办理情况，这可以通过调取委托执行事项的反馈文书进行核实。

（9）终本结案

终本指标包括终本要件、终本案件的系统管理以及终本案件的定期筛查机制三方面的内容。终本要件涵盖最高人民法院关于严格规范终本的司法解释所列的全部要件，任何一个要件不符合即为零分。终本案件的系统管理是指法院对于终本案件应纳入单独的系统进行管理，防止终本案件体外循环。定期筛查机制是指对于终本案件，应在五年内每6个月自动进行财产查询，以便发现财产恢复执行程序。

另外，为了进一步推动执行工作的规范性，课题组还设计了评估现场执行记录、执行转破产、执行系统节点录入情况的指标。

2. 阳光执行

阳光执行要求执行过程和结果的双重透明，就其公开对象而言，既包括对当事人的公开，也包括对社会公众的公开。阳光执行指标包括财产查控处分告知、执行流程公开、执行文书公开以及规范性文件公开等。

（1）财产查控处分告知

财产查控处分告知包括财产查控措施告知被执行人、财产处分信息告知被执行人两个指标，分别评估法院在对所查询的财产采取财产查控措施后，是否向被执行人送达查封、扣押等裁定书；法院在对查封、扣押、冻结的财产进行处分时，是否向被执行人送达扣划、拍卖、变卖、以物抵债等裁定书。

（2）执行流程公开

执行流程公开强调的是向当事人公开执行过程，该指标评估法院是否用短信等方式向当事人推送流程节点信息或提供网络密码查询。

（3）执行文书公开

执行文书公开指标主要评估法院是否通过中国裁

判文书网向社会公开执行裁判文书和终结本次执行程序裁定书。

（4）规范性文件公开

执行规范性文件公开是指法院应在法院官方网站上公开人民法院关于执行的规范性文件。

3. 执行质效

执行质效指标是指能够客观反映执行质量和效果的数据。执行质效可以通过两方面的指标来反映：一些是正相关指标，如实际执结率、个案的执行到位率、执结期限内结案率、执行异议案件的结案率和网拍率；一些是负相关指标，包括执行行为撤改率、个人追责与国家赔偿。实际执结率是指法院一定时期内执结的案件中执行完毕案件的比率。个案执行到位率是指法院每个执结案件的执行金额与申请执行金额的比例，如果大多数执结案件的执行到位率较为理想，那么说明该法院的执行案件整体质效良好。个人追责与国家赔偿指标主要考察考评期内执行人员因执行案件被追责和因为执行案件引起的国家赔偿情况，具体包括廉政情况投诉率、执行人员受到党纪政纪处分情况、执行人员被追究刑事责任情况和国家赔偿情况等指标。

4. 执行保障

中级人民法院的执行保障包括执行指挥中心、人员保障、机构保障、装备保障、执行救助、执行工作方案、争取地方支持、执行宣传等。执行指挥中心重点考察案件节点管理、终本案件管理、委托执行管理、决策分析、远程指挥等功能。人员保障包括人员配置比例、轮岗制度、常派执行局的司法警力以及执行人员的日常业务培训等，例如执行人员占中级人民法院在编人员的比例不应低于15%，执行局法官员额的比例不得低于业务庭法官的比例。除执行指挥中心的分值略有不同之外，基层人民法院的执行保障与中级人民法院基本相同。

5. 监督管理

监督管理主要是指中级人民法院对辖区法院执行工作的监督管理，体现在执行复议类、执行协调类、执行监督类、执行请示类案件的办理和信访申诉，对下级法院应用执行案件流程信息管理系统的情况、清理执行案款、办理特殊主体为被执行人案件情况的管理监督等。

四　数据来源

"基本解决执行难"第三方评估主要是依据指标体系对评估对象进行量化评估，并辅助以问卷调查。指标体系强调指标的可量化，数据来源包括案卷评查、系统提取、网站观察和法院自报数据。

（一）案卷评查

案卷评查主要是指调取中级人民法院和基层人民法院一定时间段的执行案卷，对照指标要求，评查案卷中相应指标的满足情况。通过案卷评查获取数据的指标主要涉及规范执行类指标、阳光执行中对当事人的告知事项类指标等。为了确保评估的客观真实性，课题组将采取随机调取案卷的方法，进行评查和获取数据。

（二）系统提取

系统提取是指从法院的执行管理系统以及相关系统中提取相应的节点信息和统计数据，有些信息可以直接提取，有些数据则需要二次加工处理。系统提取主要涉及规范执行类指标和执行质效指标，如启动查询、评估、拍卖、案款发放等节点信息以及实际执结率、个案的执行到位率、执限内结案率、执行异议案件的结案率、网拍率、执行行为撤改率、刑事追责、国家赔偿等。为了保障数据可获取和客观准确，课题组将建议法院围绕评估指标所需的数据研究进一步完善和优化法院内部的案件管理系统，确保能够通过案件管理系统直接提取评估所需的执行工作日常的办案数据和管理数据。

（三）网站观察

网站观察主要是打开评估对象的官方网站以及司法公开平台，对照指标体系，查看网站是否有相应的信息。网站观察主要适用于阳光执行指标，如执行法律文书公开、执行相关的规范性文件公开等。

（四）自报数据

虽然第三方评估是独立于评估对象的外部评估，但是有些数据的获取还必须依靠评估对象的自报。为了保证自报数据的客观性，课题组要求自报数据必须附有相应的证明材料，例如评估对象在自报有某项制度或机制时必须附相应的文本，以便评估人员进行客观性和真实性筛选、甄别。

五　指标体系相关问题廓清

（一）主要适用于民事执行案件

目前执行难主要集中在民事案件，并且行政非诉执行与民事案件的执行区别较大，不适合在同一个指标体系中设定，因此，基本解决执行难评估指标体系的评估范围集中在民事案件（含仲裁裁决执行案件、公证债权文书执行案件）。

（二）以金钱给付类案件为重点

执行难问题不仅包括金钱给付类案件的执行难，还包括行为类和特定物给付类案件的执行难。执行案件大多集中在金钱给付类案件，行为类和特定物给付类案件所占比重很低，并且金钱给付类案件的流程涵盖执行的主要环节。因此，课题组在设计指标体系时是以金钱给付类案件为主，例如财产查控、处置以及案款发放等指标主要针对金钱给付类案件。至于行为类和特定物给付类案件，由于数量少，且较为复杂，因此不单独设定指标，但是查找被执行人以及对失信被执行人进行信用惩戒和制裁措施等指标可以适用于该类案件。

（三）关注审判与执行的衔接

"基本解决执行难"第三方评估指标体系不能只评估法院的执行工作，还应该重视审判与执行的衔接，对审判中不利于执行的方面也应该设计指标加以评估。指标体系主要从财产保全、生效法律文书执行内容的明确性以及执行转破产三方面设计审判与执行的衔接指标。

（四）设定"执行不能"标准

公众所感受的执行难一部分是被执行人逃避执行、

拒不履行、抗拒执行或法院执行不力造成的，还有一部分是因为被执行人确无财产可供执行导致无法实现债权。对于无财产可供执行的案件，属于执行不能，并非法院通过加大执行力度所能解决的，因此"基本解决执行难"要区分有财产可供执行案件和无财产可供执行案件，但前提是要严格设定无财产可供执行案件的标准。

（五）针对特定群体进行问卷调查

实证调查中的定量研究有两种主要路径，一是通过设定客观的指标体系对相关工作进行量化评估，二是选取一定的群体为样本进行问卷调查。"基本解决执行难"评估以客观的指标体系为依托，侧重对法院执行工作的客观情况进行量化评估。与指标体系相匹配，课题组专门针对当事人和律师设计两套问卷，因为执行效果的好坏，最有发言权的是当事人和律师。同审判案件很难取得原被告双方的满意一样，执行案件的对抗性更强，申请执行人和被执行人不可能对执行结果都满意，因此，调查问卷所涉及的主观满意度调查较为审慎，主要调查当事人对具体执行行为而非笼统的满意度。相对于指标体系而言，问卷调查所获取的数据将是辅助性的。

（六）兼顾协助单位的配合度

执行难是一项综合性的社会难题，"基本解决执行难"除了依靠提高法院执行能力和执行规范化水平之外，还有赖于建立与协助义务单位的联动机制，构建社会诚信体系建设。考虑到指标体系是受最高人民法院委托，对全国法院的执行工作进行评估，因此评估对象不宜扩大到其他单位。但是作为第三方评估机构，课题组拟在本项评估工作之外，专项调查和评价各类协助义务单位对执行工作的配合程度、现行协作机制运行情况和存在的问题，并就如何完善执行联动机制提出对策建议。

结　语

基本解决执行难评估以最高人民法院、31 家高级人民法院、部分中级及基层人民法院为评估对象，其中中级及基层人民法院按照一定的比例和原则抽取。在按照指标体系对评估对象的执行工作进行评估后，结合问卷调查，运用社会学的研究方法，通过建模的方式，计算出省域和全国层面基本解决执行难的指数。为了保证评估工作的连贯性和可持续性，指标体系保持一定的稳定性，但是这种稳定是相对的，为了适应执行工作的动态发展，指标体系将随着执行工作实践的推进和理论制度的完善而不断调整、优化。

附录三

人民法院基本解决执行难
第三方评估指标体系

一 最高人民法院

（一）制度建设（20%）

二级指标	三级指标
推动强制执行立法（20%）	专门的起草力量（30%）
	开展立法调研（30%）
	立法建议稿（40%）
单行司法解释、指导性意见（60%）	财产保全（10%）
	财产申报和财产调查（10%）
	变更追加执行主体（10%）
	财产处置（10%）
	案款管理（5%）
	终本案件管理（10%）
	公证债权文书执行（5%）
	参与分配（5%）
	委托执行（5%）
	执行强制措施（20%）
	执行公开（10%）
指导案例制度（20%）	执行指导案例库（50%）
	发布指导性案例（50%）

（二）执行联动（40%）

二级指标	三级指标
"总对总"执行网络查控系统（50%）	银行（20%）
	土地房产（10%）
	车辆（10%）
	工商（10%）
	保险（5%）
	互联网金融、第三方支付平台的财产信息（5%）
	酒店住宿（5%）
	身份证信息（5%）
	出入境证照信息（5%）
	统一社会信息代码信息（5%）
	婚姻登记信息（5%）
	证券（5%）
	银联卡（8%）
	渔船（1%）
	船舶（1%）
联合惩戒体系（50%）	限制乘坐交通工具（20%）
	限制住星级宾馆（10%）
	限制出境（10%）
	限制招投标（10%）
	限制融资（10%）
	受益行为限制（10%）
	公职限制（10%）
	担任企业高管限制（5%）
	政府投资项目或主要使用财政性资金项目限制（5%）
	设立金融类公司限制（5%）
	发行上市或挂牌转让的限制（5%）

（三）监督管理（20%）

二级指标	三级指标
案件办理（50%）	执行复议类（30%）
	执行协调类（20%）
	执行监督类（30%）
	执行请示类（20%）
信访申诉（10%）	挂网督办
管理督查（20%）	督查下级法院应用执行案件流程信息管理系统的情况（25%）
	督查下级法院执行案款清理和管理情况（25%）
	督查下级法院办理重点督办案件、事项的情况（25%）
	开展执行工作约谈（25%）
廉政监督（20%）	廉政情况投诉率（40%）
	执行人员受到党纪政纪处分案件（30%）
	执行人员被追究刑事责任案件（30%）

（四）执行保障（20%）

二级指标	三级指标
执行指挥中心（60%）	案件节点管理（20%）
	终本案件管理（20%）
	委托执行管理（10%）
	决策分析（20%）
	远程指挥（20%）
	执行指挥中心专人值班（10%）
队伍建设（40%）	明确人员配备要求（40%）
	推动执行人员结构优化（30%）
	加强执行人员培训保障（30%）

二 高级人民法院

（一） 制度建设（20%）

二级指标	三级指标
制度落实与细化（30%）	对最高人民法院出台的制度进行落实或细化
执行管理制度建设（30%）	对辖区内法院的执行工作进行管理的相关制度
调研指导（40%）	解答疑难问题（50%）
	专项问题的调查研究（50%）

（二） 执行联动（20%）

二级指标	三级指标
"点对点"网络执行查控系统（50%）	土地房产（30%）
	工商（15%）
	商业保险（15%）
	酒店住宿（15%）
	房屋租赁（15%）
	婚姻登记信息（10%）
联合惩戒体系（50%）	限制住星级宾馆（10%）
	限制购买理财产品（10%）
	限制出境（10%）
	限制股权变更（10%）
	限制招投标（10%）
	受益行为限制（10%）
	公职限制（10%）
	担任企业高管限制（10%）
	政府投资项目或主要使用财政性资金项目限制（10%）
	设立金融类公司限制（10%）

（三）执行监督（30%）

二级指标	三级指标
案件办理（50%）	执行复议类（40%）
	执行协调类（10%）
	执行监督类（40%）
	执行请示类（10%）
信访申诉（10%）	挂网督办
管理督查（20%）	督查下级法院应用执行案件流程信息管理系统的情况（30%）
	督查下级法院执行案款清理和管理情况（30%）
	督查下级法院办理督办案件、事项情况及特殊主体为被执行人的案件的情况（40%）
廉政监督（20%）	廉政情况投诉率（40%）
	执行人员受到党纪政纪处分案件（30%）
	执行人员被追究刑事责任案件（30%）

（四）执行保障（30%）

二级指标	三级指标
执行指挥中心（30%）	案件节点管理（20%）
	终本案件管理（20%）
	委托执行管理（10%）
	决策分析（20%）
	远程指挥（20%）
	执行指挥中心专人值班（10%）
队伍建设（30%）	明确下辖法院执行部门执行法官的比例（20%）
	明确下辖法院执行人员的编制比例（20%）
	执行人员结构优化（30%）
	执行人员培训保障（30%）
执行大格局（10%）	争取由当地党委、人大、政府出台支持解决执行难的专门文件或建立执行大格局机制
执行救助（10%）	建立专项执行救助资金
执行宣传（20%）	执行工作宣传（50%）
	定期发布拒执罪典型案例（50%）

三 中级人民法院

（一）规范执行（25%）

二级指标	三级指标
财产保全（10%）	财产保全保险担保机制（25%）
	担保比例（25%）
	保全申请与财产查控系统的衔接（25%）
	保全执行及时性：保全裁定应在 10 日内执行（25%）
财产申报（5%）	依法发布申报令（50%）
	对于拒不申报或申报不实的进行法律制裁（50%）
财产调查（20%）	网络查询及时性（60%）：执行立案之日起 5 个工作日内启动；5 至 10 个工作日；10 至 22 个工作日；超过一个月未启动
	对申请人提供的财产线索的核实（40%）
财产控制（查冻扣）（5%）	及时性：对于查到的财产，能通过网络执行查控系统实施控制措施的，须在 48 小时内采取措施；需要线下控制的，须在 10 个工作日内采取控制措施
财产评估（5%）	评估启动的时间（50%）：符合财产处置条件的，15 个工作日内启动评估拍卖程序
	及时发送评估报告（50%）：收到评估报告之日起，5 个工作日内送达当事人
财产拍卖（5%）	合理时间内启动拍卖：符合拍卖条件的，15 个工作日内启动拍卖程序的
执行款发放（5%）	新收案件一案一账号（40%）
	执行款发放的及时性（60%）：具备发放条件之日起一个月内发放，不能及时发放的，说明理由并经领导审批
委托执行（5%）	委托事项的办理

续表

二级指标	三级指标
终本案件（25%）	是否符合终本的实质要件（50%）：按照《最高人民法院关于严格规范终结本次执行程序的规定（试行）》规定的条件进行检查
	是否符合终本的程序要求（10%）：一是是否将相关情况告知了申请执行人并听取其意见；二是是否制作了终结本次执行程序裁定书并上网
	纳入信息库管理（10%）是否纳入；纳入是否及时，信息是否准确等
	终本案件的后续管理（30%）：五年内定期筛查，发现财产的及时恢复；续封、变更追加等程序性权利的保障等
现场执行记录（5%）	单兵执法仪使用情况：进行强制腾空、搜查等执行行动时是否使用单兵执法仪
执行转破产（5%）	是否征求意见（30%）
	是否移送（40%）
	是否受理（30%）
执行案件节点管理系统（5%）	执行案件是否均纳入案件节点管理系统（50%）
	节点录入系统的完整性（50%）

（二）阳光执行（10%）

二级指标	三级指标
财产查控、处分告知（30%）	财产查控措施告知被执行人（50%）
	财产处分信息告知被执行人（50%）
执行案件流程信息公开（30%）	执行主要流程节点告知当事人
执行文书公开（30%）	执行裁判文书（50%）
	终结本次执行程序裁定书（50%）
执行规范性文件公开（10%）	法院关于执行的规范性文件

（三）执行质效（25%）

二级指标	三级指标
实际执结率（30%）	执行完毕的案件数/执行结案数
个案的执行到位率（20%）	个案的执行到位金额/个案的申请执行标的额
执限内结案率（10%）	执行期限内结案数/执行结案数
执行异议案件的结案率（10%）	评估期间的结案数/收案数
网拍率（10%）	网络拍卖案件数/拍卖案件数
执行行为撤改率（10%）	执行行为被撤改数量/执行案件数
个人追责与国家赔偿（10%）	廉政情况投诉率（25%）
	执行人员受到党纪政纪处分案件（25%）
	执行人员被追究刑事责任案件（25%）
	国家赔偿（25%）

（四）执行监督（30%）

二级指标	三级指标
案件办理（60%）	执行复议类（40%）
	执行协调类（10%）
	执行监督类（40%）
	执行请示类（10%）
信访申诉（20%）	挂网督办
管理（20%）	督查下级法院应用执行案件流程信息管理系统的情况（30%）
	督查下级法院清理执行案款（30%）
	督查下级法院办理特殊主体为被执行人的案件的情况（40%）

（五）执行保障（10%）

二级指标	三级指标
执行指挥中心（20%）	执行异常警示（10%）
	消极执行筛查（10%）
	终本案件管理（20%）
	案款管理、委托执行管理（10%）
	决策分析（20%）
	远程指挥（20%）
	执行指挥中心值班制度（10%）
人员保障（20%）	执行人员比例（40%）：在编执行人员占法院在编总人数的比例不应低于 15%
	执行法官员额（40%）：执行局法官员额的比例不得低于业务庭法官的比例
	轮岗制度（10%）
	警务保障（10%）
执行机构（10%）	审执分离：执行实施权与执行裁决权分别由不同机构行使
执行装备（10%）	配备必要的单兵执法仪
执行救助（10%）	专项执行救助资金
执行工作方案（10%）	出台解决执行难的工作方案或实施细则
争取地方支持（10%）	争取由当地党委、人大、政府出台支持解决执行难的专门文件
执行宣传（10%）	借助媒体宣传执行工作（50%）
	定期发布拒执罪典型案例（50%）

四　基层人民法院

（一）规范执行（35%）

二级指标	三级指标
财产保全（10%）	财产保全保险担保机制（25%）
	担保比例（25%）
	保全申请与财产查控系统的衔接（25%）
	保全执行及时性：保全裁定应在 10 日内执行（25%）

续表

二级指标	三级指标
财产申报（5%）	依法发布申报令（50%）
	对于拒不申报或申报不实的进行法律制裁（50%）
财产调查（20%）	网络查询及时性（60%）：执行立案之日起5个工作日内启动；5至10个工作日；10至22个工作日；超过一个月未启动
	对申请人提供的财产线索的核实（40%）
财产控制（查冻扣）（5%）	及时性：对于查到的财产，能通过网络执行查控系统实施控制措施的，须在48小时内采取措施；需要线下控制的，须在10个工作日内采取控制措施
财产评估（5%）	评估启动的时间（50%）：符合财产处置条件的，15个工作日内启动评估拍卖程序
	及时发送评估报告（50%）：收到评估报告之日起，5个工作日内送达当事人
财产拍卖（5%）	合理时间内启动拍卖：符合拍卖条件的，15个工作日内启动拍卖程序的
执行款发放（5%）	新收案件一案一账号（40%）
	执行款发放的及时性（60%）：具备发放条件之日起一个月内发放，不能及时发放的，说明理由并经领导审批
委托执行（5%）	委托事项的办理
终本案件（25%）	是否符合终本的实质要件（50%）：按照《最高人民法院关于严格规范终结本次执行程序的规定（试行）》规定的条件进行检查
	是否符合终本的程序要求（10%）：一是是否将相关情况告知了申请执行人并听取其意见；二是是否制作了终结本次执行程序裁定书并上网
	纳入信息库管理（10%）是否纳入；纳入是否及时，信息是否准确等
	终本案件的后续管理（30%）：五年内定期筛查，发现财产的及时恢复；续封、变更追加等程序性权利的保障等
现场执行记录（5%）	单兵执法仪使用情况：进行强制腾空、搜查等执行行动时是否使用单兵执法仪
执行转破产（5%）	是否征求意见（30%）
	是否移送（40%）
	是否受理（30%）

续表

二级指标	三级指标
执行案件节点管理系统（5%）	执行案件是否均纳入案件节点管理系统（50%）
	节点录入系统的完整性（50%）

（二）阳光执行（15%）

二级指标	三级指标
财产查控、处分告知（30%）	财产查控措施告知被执行人（50%）
	财产处分信息告知被执行人（50%）
执行案件流程信息公开（30%）	执行主要流程节点告知当事人
执行文书公开（30%）	执行裁判文书（50%）
	终结本次执行程序裁定书（50%）
执行规范性文件公开（10%）	法院关于执行的规范性文件

（三）执行质效（40%）

二级指标	三级指标
实际执结率（30%）	执行完毕的案件数/执行结案数
个案的执行到位率（20%）	个案的执行到位金额/个案的申请执行标的额
执限内结案率（10%）	执行期限内结案数/执行结案数
执行异议案件的结案率（10%）	评估期间的结案数/收案数
网拍率（10%）	网络拍卖案件数/拍卖案件数
执行行为撤改率（10%）	执行行为被撤改数量/执行案件数
个人追责与国家赔偿（10%）	廉政情况投诉率（25%）
	执行人员受到党纪政纪处分案件（25%）
	执行人员被追究刑事责任案件（25%）
	国家赔偿（25%）

（四）执行保障（10%）

二级指标	三级指标
执行指挥中心（10%）	执行异常警示（10%）
	消极执行筛查（10%）
	终本案件管理（20%）
	案款管理、委托执行管理（10%）
	决策分析（20%）
	远程指挥（20%）
	执行指挥中心值班制度（10%）
人员保障（30%）	执行人员比例（40%）：在编执行人员占法院在编总人数的比例不应低于15%
	执行法官员额（40%）：执行局法官员额的比例不得低于业务庭法官的比例
	轮岗制度（10%）
	警务保障（10%）
执行机构（10%）	审执分离：执行实施权与执行裁决权分别由不同机构行使
执行装备（10%）	配备必要的单兵执法仪
执行救助（10%）	建立专项执行救助资金
执行工作方案（10%）	出台解决执行难的工作方案或实施细则
争取地方支持（10%）	争取由当地党委、人大、政府出台支持解决执行难的专门文件
执行宣传（10%）	借助媒体宣传执行工作（50%）
	定期发布拒执罪典型案例（50%）